Aos caro amigos
Ana Paula e Elso
com votos de paz.

LAR 60,99/ 3 /15

Alírio de Cerqueira Filho

Jesus e Kardec

Modelos para os trabalhadores do
MOVIMENTO ESPÍRITA
Ações para qualificar, humanizar e espiritizar

JESUS E KARDEC, MODELOS PARA OS TRABALHADORES DO
MOVIMENTO ESPÍRITA
Copyright© C.E. Dr. Bezerra de Menezes
Editor: *Luiz Antônio Saegusa*
Capa: *Thamara Fraga*
Projeto gráfico e revisão: *Gerson Reis (Estúdio Japiassu Reis)*
1ª edição – 2005
Impresso no Brasil
Printed in Brazil

EBM EDITORA
Rua Silveiras, 17 – Vila Guiomar
CEP 09071-100 – Santo André –SP
Tel. 11 4438-2947
E-mail: dbmlivros@terra.com.br
Hyperlink www.ebmeditora.com.br

Dados Internacionais de Catalogação na Publicação (CIP)
(Câmara Brasileira do Livro, SP, Brasil)

Cerqueira Filho, Alírio de
    Jesus e Kardec : modelos para os trabalhadores
do movimento espírita : ações para qualificar,
humanizar e espiritualizar / Alírio de Cerqueira
Filho. -- Santo André, SP : Editora Bezerra de
Menezes, 2005.

    Bibliografia.

    1. Espiritismo 2. Jesus Cristo 3. Kardec, Allan,
1804-1869 I. Título.

05-6763   CDD–133.901

Índices para catálogo sistemático:

1. Doutrina espírita   133.901
2. Espiritismo : Filosofia   133.901
3. Filosofia espírita   133.901

ISBN: 85-87011-11-1

Alírio de Cerqueira Filho

Jesus e Kardec

Modelos para os trabalhadores do
MOVIMENTO ESPÍRITA
Ações para qualificar, humanizar e espiritizar

ebm
editora

$\mathcal{S}$UMÁRIO

CAPÍTULO 4

CAPÍTULO 5

APRESENTAÇÃO

NESTE INÍCIO DE TERCEIRO MILÊNIO o Centro Espírita está carecendo de um modelo de gestão cujas bases estejam assentadas nos seres humanos que operam em seus núcleos.

Propostas valiosas têm sido oferecidas ao movimento espírita para a preparação de seus dirigentes e trabalhadores, adequando-o às necessidades dos tempos modernos, mas, com raras exceções, esses trabalhos estão centrados nos processos de funcionamento de suas diversas atividades, orientando a melhor forma de gerir doutrinária e administrativamente a Casa Espírita, sem, contudo, se ater às necessidades do ser humano que irá realizar essas ações.

O Centro Espírita, como uma organização de caráter filantrópico que é, pode e deve utilizar-se dos métodos de gestão empresarial modernos, hoje tão preconizados em nosso movimento, mas é fundamental que haja também uma atenção especial à questão da sua humanização.

Esta obra tem como objetivo oferecer aos dirigentes e trabalhadores espíritas reflexões no sentido de se humanizar a gestão da Casa Espírita, usando, para isso, o modelo de liderança utilizado por Jesus e Kardec em suas missões. Jesus é o modelo para toda a humanidade, conforme atesta a questão 625 de *O Livro dos Espíritos*:

Qual o tipo mais perfeito que Deus tem oferecido ao homem, para lhe servir de guia e modelo?

"Jesus."

Para o homem, Jesus constitui o tipo da perfeição moral a que a Humanidade pode aspirar na Terra. Deus no-lo oferece como o mais perfeito modelo e a doutrina que ensinou é a expressão mais pura da lei do Senhor, porque, sendo ele o mais puro de quantos têm aparecido na Terra, o Espírito Divino o animava. [1]

Jesus, a porta; Kardec, a chave. É o que nos diz poeticamente o venerável Espírito Dr. Bezerra de Menezes. O Evangelho de Jesus é um manancial de lições incomparáveis, no qual podemos buscar orientações para todas as áreas de atividades humanas, inclusive os processos de gestão organizacional. É a *porta* de entrada para o entendimento do Ser Humano. Já Allan Kardec é a *chave* dessa porta, em cuja obra encontramos todo um método para se lidar com as questões humanas.

É nesse manancial, o Evangelho de Jesus e a obra Kardequiana, que vamos buscar as reflexões necessárias para a humanização da gestão da Casa Espírita, atentos às orientações dos benfeitores espirituais, especialmente da Mentora Joanna de Ângelis que tem nos conclamado ao trabalho de espiritizar, qualificar e humanizar o Centro Espírita.

Muitas ações têm sido feitas no sentido de qualificar os

---

[1] *O Livro dos Espíritos*, Allan Kardec, questão 625.

dirigentes e trabalhadores, haja vista o número considerável de cursos de qualidade em todas as áreas de atuação da Casa Espírita. Acreditamos que isso é extremamente necessário, pois quanto mais soubermos como fazer, melhores serão as nossas atuações em nosso setor específico de ação.

No entanto, ainda falta uma atitude mais arrojada no sentido de se humanizar o movimento espírita. Essa dificuldade na questão da humanização, inclusive, vai obstaculizar a própria ação de qualificar, pois a qualidade começa no interior da própria criatura. Se ela não estiver de bem consigo mesma, com a própria vida, esse mal-estar vai se manifestar em todas as suas ações, inclusive em suas atividades espíritas.

A realização dessa tarefa de humanização é bastante laboriosa, pois é necessário buscar as causas da desumanização que se encontram presentes no próprio ser humano.

A dificuldade maior é exatamente encontrar essas causas, porque, para esse desiderato, torna-se essencial um mergulho profundo no psiquismo humano de forma a percebê-las para, posteriormente, transformá-las. Habituamos durante muito tempo a reprimir os nossos sentimentos, mascarando-os para realizar nossas tarefas por obrigação e não por amor.

Em nosso movimento temos percebido muitas distorções nesse âmbito, pois essas dificuldades acabam gerando muitos tarefeiros que não se sentem bem com o trabalho que realizam, apesar de estarem tecnicamente preparados para a tarefa.

E por que não se sentem bem no trabalho? Porque não estão bem consigo mesmos, trazem conflitos existenciais e emocionais e, com raras exceções, não têm espaço nas Casas Espíritas em que mourejam para tratar da questão, envoltas como estão com o trabalho a ser realizado para os que as freqüentam na condição de necessitados de todos os matizes.

Dizem os líderes desse modelo que, ao realizar o trabalho do bem, os problemas pessoais vão sendo equacionados com o próprio trabalho. Os trabalhadores são conclamados a passarem por cima dos próprios problemas para atender às necessidades dos outros, como se isso fosse possível.

O que percebemos é que o tarefeiro termina por assumir obrigações para as quais não está preparado e não se sente bem no trabalho que realiza.

Portanto, quando notamos que o trabalhador do bem não se sente bem com o bem que realiza, alguma coisa está profundamente equivocada e precisamos fazer algo para modificar essa situação.

É fundamental dotar o Centro Espírita de instrumentos para que seus dirigentes e trabalhadores tenham um espaço onde possam auxiliar-se mutuamente na solução desses conflitos, de modo a desenvolverem a harmonia essencial para que possam sentir amor por aquilo que fazem, sentir o prazer amoroso em participar das atividades, em conviver com os companheiros de ideal, e não apenas saber como realizar aquilo a que se propõem.

Neste livro desenvolvemos um método para auxiliar esse trabalho. Trata-se de estudo psicológico transpessoal do ser humano, cujo objetivo é permitir que essa jornada rumo ao Eu profundo se torne factível, facilitando o trabalho daqueles que já perceberam que a única forma de nos tornarmos plenamente humanos é através do autoconhecimento e da autotransformação.

A partir do momento que iniciamos essa humanização em nós mesmos, estamos em condições de auxiliar outros irmãos de ideal a realizarem as suas próprias jornadas.

Nesta obra encontraremos um roteiro teórico-prático, no qual buscamos elementos para esse mister.

É na magnífica coleção psicológica da querida mentora Joanna de Ângelis, psicografada por Divaldo P. Franco, que haurimos as inspirações necessárias para esta tarefa, com o intuito de colaborar, de forma singela, com algumas reflexões sobre a trilogia que ela propôs, em especial, com a questão da humanização.

O Autor

Cuiabá, abril de 2005

CAPÍTULO 1

O MESTRE E O APRENDIZ

A PRINCIPAL CARACTERÍSTICA da liderança de Jesus é a suavidade e leveza com que exercia o Seu ministério de amor junto a todos os corações sofridos que O buscavam com o objetivo de lenir as suas dores e minimizar o estado de opressão em que viviam.

Por que, muitas vezes, percebemos vários dirigentes e trabalhadores espíritas, *cansados e oprimidos*, levando as suas tarefas como um fardo pesado que eles têm obrigação de carregar? Por que não sentimos no trabalho espírita, por diversas ocasiões, a leveza e a suavidade que Jesus nos sugere? À primeira vista isso parece incongruente, pois a proposta do Espiritismo é ser o cristianismo redivivo. Portanto, para nós, Jesus é o modelo a ser seguido em todas as ocasiões. Neste capítulo estaremos analisando qual o caminho para sentir a suavidade e a leveza de Jesus.

Vamos encontrar a resposta para essas questões numa das passagens mais belas do Evangelho de Jesus anotada por Mateus em 11, 28 a 30:

Vinde a mim, todos os que estais cansados e oprimidos,

e eu vos aliviarei.
Tomai sobre vós o meu jugo, e aprendei comigo, que
sou manso e humilde de coração, e encontrareis
descanso para a vossa alma.
Porque o meu jugo é suave, e o meu fardo é leve.

Reflitamos sobre a questão 625 de *O Livro dos Espíritos*:
Qual o tipo mais perfeito que Deus tem oferecido ao
homem, para lhe servir de guia e modelo?
"Jesus".
Para o homem, Jesus constitui o tipo da perfeição moral
a que a Humanidade pode aspirar na Terra. Deus no-lo
oferece como o mais perfeito modelo e a doutrina que
ensinou é a expressão mais pura da lei do Senhor,
porque, sendo Ele o mais puro de quantos têm
aparecido na Terra, o Espírito Divino o animava.[2]

Modelar-se a alguém significa inspirar-se na conduta, na forma de ser, de viver, de sentir, enfim em tudo que diz respeito a essa pessoa. Para tomar Jesus como modelo e guia é necessário nos debruçarmos sobre a Sua mensagem, buscando entendê-la em espírito e verdade.

Como sentir a suavidade e a leveza de Jesus em seu ministério para fazer o mesmo em nossas tarefas?

Façamos uma exegese da passagem acima para compreendê-la no contexto que estamos estudando: o modelo da liderança de Jesus em nossas atividades espíritas.

Jesus diz *"Vinde a mim todos os que estais cansados e oprimidos, e eu vos aliviarei".*

Podemos entender o *"Vinde a mim"*, não da maneira como muitos acreditam, que seria, simplesmente, ir até a pes-

---

[2] *O Livro dos Espíritos*, Allan Kardec, questão 625.

soa, o Homem chamado Jesus, aceitando-o como Mestre. Isso inclusive cria uma idolatria, na qual a pessoa pensa que, apenas por adotar Jesus em sua vida, ela já será aliviada, conforme recomendam as religiões cristãs tradicionais. Numa visão mais profunda, essa expressão significa *ir* até o amor que Ele representa. Jesus é o maior modelo de amor, portanto, *ir* a Ele, é *ir* ao Amor. É desenvolver o amor por nós mesmos, o amor pela vida, pelo próximo, por Deus. A prática do amor é um imperativo para que possamos fazer brotar o nosso Cristo interno. Somente o amor nos alivia do cansaço e da opressão causados por nós mesmos.

"Tomai sobre vós o meu jugo..."

A palavra *jugo* tem vários significados. Podemos entender que, neste contexto, tem o sentido de *poder*.

Essa expressão, portanto, significa tomar sobre nós o *poder* do amor, desenvolvendo a vontade de realização de forma a exercitar o amor ao trabalhar, em nossas tarefas no dia-a-dia. Enfim, utilizar o poder de realização do amor para vivenciar a própria vida.

"... e aprendei comigo"

Aqui Jesus faz um convite para que tomemos a condição de *aprendizes* do Seu jugo. Ele é o Mestre por excelência, nós somos os aprendizes.

Qual é a condição do aprendiz?

É aquele que não sabe, que ignora e que vai fazer muitos exercícios, tantos quantos forem necessários, até aprender a sentir e vivenciar esse jugo.

À medida que aprendemos, tanto com os nossos erros, quanto com os acertos, vamos internalizando o amor, a mansidão e a humildade de Jesus, de modo a fixar, suavemente, essas virtudes em nossa memória até que possamos vivenciá-las em espírito e verdade.

Essa é a qualidade essencial para os dirigentes e trabalhadores da Casa Espírita: a de serem *aprendizes* de Jesus. *"... e conhecereis a verdade, e a verdade vos libertará"*. João, 8:32

"... que sou manso"

Ser manso significa ser doce, meigo, suave, sereno, características marcantes em Jesus.

Psicologicamente a mansidão está ligada a dois sentimentos fundamentais: aceitação e compaixão. A aceitação vai nos permitir aceitar a condição de aprendizes incipientes que ainda somos, com defeitos e qualidades.

Importante não confundir *aceitação* com *acomodação*. A acomodação é uma falsa aceitação, na qual a pessoa simplesmente "aceita" os seus defeitos e não faz nada para mudá-los.

A aceitação é uma virtude proativa[3], na qual aceita-se a própria insignificância enquanto aprendizes, e ao mesmo tempo, trabalha-se para desenvolver a própria grandeza, aprendendo-se, gradativa e suavemente, a superar a ignorância.

O movimento de auto-aceitação como somos, com as nossas deficiências e virtudes, vai nos proporcionar a aceitação dos outros como eles são.

A compaixão gera a compreensão das dificuldades que ainda trazemos, bem como às dos outros.

Importante não confundir *compaixão* com pena, dó, piedade, comiseração. Embora em português essas palavras sejam sinônimas, psicologicamente têm significados diferentes.

A compaixão também é uma virtude proativa e por isso tem um aspecto positivo significando *empatia*, na qual temos para com as dificuldades, os erros nossos ou dos outros, um

---

[3] **Proatividade** – palavra de origem inglesa (*pro-active*) que significa *movimento ativo e dinâmico em direção a um objetivo*. É um movimento de ação plena e consciente em direção aos objetivos a serem alcançados. A partir dela se originam os adjetivos proativo/proativa.

sentimento de compreensão, gerando uma aceitação da pessoa que erra, sem, contudo, se aceitar os seus erros, o que seria acomodação, como vimos anteriormente.

O importante é compreender que os erros são fruto da ignorância e necessitam ser corrigidos, ao invés de punidos.

Já quando temos sentimentos de dó, pena, piedade ou comiseração por nós mesmos, nos sentimos *coitados* por errar e criamos a máscara da autopiedade, ou tratamos os outros como coitados, como se para eles não fosse possível tomar a condição de aprendizes para superar o problema. Esta postura é de pseudo-amor e não proativa, pois todos somos responsáveis pelas nossas ações e quando estas se encontram equivocadas, necessitam apenas ser compreendidas como fruto da ignorância, para posterior correção.

Conforme nos convida Jesus, a ignorância deve ser substituída, com suavidade e leveza, pelo aprendizado e não condenada. Essa é a postura do verdadeiro aprendiz.

Como aprendizes de mansidão, estaremos sendo convidados a fazer exercícios de aceitação e de compaixão para abrandar, suavizar, asserenar o sentimento de revolta, de rebeldia que trazemos em nós, assunto que estaremos analisando nos próximos capítulos.

"... e humilde"

Qual a importância da humildade?

A *humildade* também é uma virtude proativa, dinâmica, geradora da auto-aceitação, na qual reconhecemos as limitações que a nossa inferioridade ainda nos impõe, mas, ao mesmo tempo, trabalhamos para desenvolver os potenciais ilimitados que nos proporcionarão a evolução até a iluminação completa e nos tornarmos espíritos puros.

A *humildade* é a virtude que faz com que, ao mesmo tempo reconheçamos a nossa pequenez, pela nossa insipiência, pelo muito que temos a aprender, e a nossa grandeza, pelos potenciais que carregamos como Filhos de Deus, possuindo cada Ser um Cristo Interno a ser desenvolvido: *"Vos sois deuses"*, João, 10:34.

O exercício de humildade vai nos proporcionar a paciência e a perseverança para permanecermos na condição de aprendizes, até ter esse Cristo Interno completamente desenvolvido.

No entanto é muito comum, em virtude do orgulho que ainda nos caracteriza, assim que sabemos um pouco das lições, acreditar que já nos igualamos ao Mestre, ou achar que as lições são aprendidas muito devagar, o que nos leva a querer desistir.

Por isso é fundamental que nós, dirigentes e trabalhadores espíritas, façamos muitos exercícios de humildade, tomando, realmente, a condição de aprendizes incipientes que somos, muito distantes, ainda, da verdade que liberta.

A humildade é, ainda, a condição para que possamos sentir e vivenciar a mansidão, pois sem ela não podemos exercitar a aceitação, nem a compaixão. O orgulho não permitiria que esse exercício fosse realizado.

Portanto, é necessário abrandar o orgulho através do exercício de humildade para nos tornarmos mansos, conforme vimos anteriormente.

"... de coração"

Hoje se fala muito de inteligência emocional, inteligência do coração. Aqui Jesus já coloca essa necessidade para o aprendiz, demonstrando a atualidade das sublimes lições do Evangelho.

Aprofundemos um pouco mais o estudo desta questão, buscando o que Ele quer dizer.

Jesus diz: *"**aprendei** comigo, que **sou** manso e humilde **de coração**".*

Quando Jesus diz *"**Eu Sou**"*, significa que Ele *é* a expressão plena desses sentimentos, que Ele os têm completamente internalizados em Si mesmo, o que O leva a vivenciá-los plenamente, pois Ele integrou o *saber* e o *sentir* em sua inteireza.

Isso significa que, para poder vivenciar as virtudes do amor, mansidão e humildade, bem como todas as demais, o aprendiz deverá superar três níveis de ignorância: a do **não-saber**, a do **não-sentir** e a do **não-vivenciar**. O aprendiz vai encontrar na superação destes níveis de ignorância diferentes graus de dificuldade.

O primeiro nível de ignorância é o mais simples de ser superado, pois está ligado à dimensão do saber, isto é, à função cognitiva, ao cérebro, à razão.

Quando não sabemos algo, basta estudar e tomar conhecimento, que passamos a conhecer.

Por isso, a maioria de nós, ainda acredita ser possível vivenciar as lições do Mestre apenas a partir do saber.

Nessa postura, por exemplo, decora-se o Evangelho e acredita-se que, por ter a mensagem na memória cerebral, ela será vivenciada automaticamente.

Em nossa ignorância, queremos vivenciar as virtudes com o cérebro, e não com o coração.

Se apenas decorarmos as palavras de Jesus, faremos belos discursos, porém, vazios de sentimento, sempre para os outros, pois não sentimos o que falamos com o coração.

É mais fácil saber com o cérebro, mas Jesus propõe de forma inequívoca: o parâmetro é o *coração*. Queremos ser mansos e humildes de *cérebro* e não de *coração*.

É claro que enquanto estivermos nessa postura, continuaremos ignorantes e não galgaremos verdadeiramente a condição de aprendizes do jugo do amor.

No entanto, se refletirmos mais profundamente, perceberemos que a dimensão do saber é muito mais do que simplesmente decorar textos que exaram a verdade.

O saber é fruto do pensar. Portanto, não é possível saber sem refletir, meditar nas lições que estamos estudando. Somente assim poderemos senti-las em espírito e verdade.

"... e conhecereis a verdade, e a verdade vos libertará", João 8:32.

Vemos neste versículo que não é o conhecimento que liberta, mas a verdade. Portanto, não basta conhecer a verdade. É necessário meditar sobre ela para que ela nos liberte.

Por isso a dimensão do saber, apesar de parecer mais facilmente superada, não é tão fácil assim, pois pressupõem amadurecimento espiritual para conhecer e meditar sobre a verdade que liberta.

O conhecimento, através da função cognitiva, cerebral, é apenas o início do processo de libertação. É o alicerce da libertação, importantíssimo, mas não é todo o edifício.

Portanto, o verdadeiro aprendiz é aquele que se dispõem a superar todos os níveis de ignorância.

A partir do início da superação da ignorância do **não-saber** – que é muito importante, pois, como dissemos, ela é a base do edifício –, é fundamental que o aprendiz comece a exercitar a superação da ignorância do **não-sentir**.

Façamos uma analogia para perceber bem a diferença entre o saber e o sentir.

Imaginemos que estamos dentro de uma casa, com uma janela envidraçada toda embaçada, a observar uma manhã radiosa de sol em nosso jardim.

Nós sabemos que o sol está lá fora com toda a sua pujança, que os seus raios são mornos em contato com a pele, que ele gera vida em abundância, mas ao observar pela janela embaçada temos uma pálida idéia daquilo que sabemos.

Agora vamos sair da casa e nos postar numa cadeira em nosso jardim, sob o sol, para sentir o seu calor em nossa pele.

Estaremos agora sentindo, em plenitude, tudo aquilo que sabíamos que acontecia. É essa a diferença da dimensão do *sentir* em relação ao *saber*. O *vivenciar* vem logo após o *sentir*. É estarmos integrados plenamente com a natureza em nosso Jardim, com tudo o que sabemos e sentimos.

A superação do segundo nível de ignorância é muito mais lento que o primeiro, e é essencial que o aprendiz saiba disso. Enquanto que, no primeiro nível, bastava exercitar a reflexão para tomar conhecimento da verdade, aqui é preciso realizar muitos exercícios para sentir as virtudes que queremos desenvolver.

Essa é a principal característica da dimensão do sentir, da função emocional. Os sentimentos superiores – como o amor, a mansidão e a humildade – ainda não fazem parte de nossa realidade essencial, de forma plena. O que estamos acostumados é com os sentimentos grosseiros ligados ao ego, tais como o desamor, a rebeldia e o orgulho, assunto que estaremos estudando no próximo capítulo.

Não é fácil desenvolver a dimensão dos sentimentos superiores, pois as virtudes, para o aprendiz ignorante, são, ainda, apenas nomenclaturas que definem um estado que ele ainda não sente em sua plenitude. Temos apenas vislumbres de amor, de mansidão e humildade.

É nesse ponto que o conhecimento da verdade, conforme disse Jesus, nos libertará, pois nos auxiliará a senti-la.

O conhecimento permite que façamos reflexões sobre o que representam essas virtudes para nós, e aí, passemos a exercitá-las gradativamente.

A função cognitiva, racional, nos auxilia a tarefa de modelar o Mestre Jesus e outros apóstolos de Sua vinha. Por observação e dedução, refletimos, analisamos como é ser amoroso, manso, humilde, enfim, como é ser virtuoso, e a partir daí, começamos a exercitar em nós mesmos a verdade que concluímos, permitindo-nos senti-la gradativamente. Fundamental é, nesse processo, tomar o jugo do Cristo, isto é, exercitar uma vontade firme e forte, direcionando-nos para aquilo que queremos. Sentir e vivenciar a verdade que liberta.

É dessa maneira, de exercício em exercício daquilo que já sabemos, que passamos a sentir.

Por isso, a conquista da dimensão emocional, no que tange à nossa evolução moral, é mais lenta que a evolução intelectual, na dimensão racional.

Vejamos o que *O Livro dos Espíritos* de Allan Kardec diz sobre essa questão:

O progresso moral acompanha sempre o progresso intelectual?

"Decorre deste, mas nem sempre o segue imediatamente".

a) – Como pode o progresso intelectual engendrar o progresso moral?

"Fazendo compreensíveis o bem e o mal. O homem, desde então, pode escolher. O desenvolvimento do livre-arbítrio acompanha o da inteligência e aumenta a responsabilidade dos atos". [4]

Na medida em que sentimos, vamos superando o terceiro nível de ignorância, o do **não-vivenciar**.

A dimensão vivencial é realizada automaticamente a partir do *sentir*, pois é resultado da integração do *saber* e do *sentir*.

Gradativamente passamos a vivenciar o que sabemos, a partir do momento que sentimos, essencialmente, esse saber.

A **razão**, unida com a **emoção**, gera a **vivenciação**.

O aprendiz, desta forma, alcança a sabedoria – *a verda-*

---

[4] *O Livro dos Espíritos*, Allan Kardec, questão 780

de que liberta –, que é resultado da integração do saber, sentir e vivenciar.

Primeiro ele alcança a dimensão do saber a verdade que liberta, depois a dimensão de sentir emocionalmente a verdade, para poder entrar na dimensão vivencial da verdade. Esse processo acontecerá ao longo do tempo, permitindo que o aprendiz de hoje se torne o mestre de amanhã. É claro que um amanhã ainda muito distante de todos nós dirigentes e trabalhadores espíritas, em conformidade com o que diz Jesus em João, 14:12: *"Na verdade, na verdade vos digo que aquele que crê em mim também fará as obras que eu faço, e as fará maiores do que estas, porque eu vou para meu Pai".* Resumindo, temos então no aprendizado do jugo de Jesus, a busca da sabedoria.

Podemos representá-la com um triângulo eqüilátero, no qual o vértice da base esquerda representa a dimensão do *saber a verdade*, o vértice da base direita é a dimensão do *sentir a verdade* e o vértice do ápice, que se abre rumo ao infinito, a dimensão do *vivenciar a verdade*.

VIVENCIAR A VERDADE

SABER A VERDADE   **SENTIR A VERDADE**

Fig. 1 – Triângulo da sabedoria

"... e encontrareis descanso para a vossa alma"

Praticando exercícios de amor, mansidão e humildade, encontraremos descanso para a nossa alma. Descanso não significa inatividade, mas serenidade no coração para realizar as ações necessárias ao nosso progresso. A inatividade não existe no Universo. Precisamos asserenar os nossos corações das inquietudes, da ansiedade, da insegurança, da ausência da fé e confiança no porvir, enfim para confiar na **Providência Divina**, realizando a nossa parte no que se refere à **previdência humana**, isto é, buscar a harmonização essencial à nossa evolução. *"Não se turbe o vosso coração; credes em Deus"*, João 14:1.

Essa é a condição para evoluir: dotarmo-nos de paciência e perseverança, para dar tempo ao tempo, permitindo-nos evolver nessas três dimensões, gradativamente, de forma suave e leve.

"... Porque o meu jugo é suave, e o meu fardo é leve"

Com o jugo suave, a forma amorosa de viver de Jesus, exercitando a vontade para desenvolver as dimensões do saber, do sentir e do vivenciar, entraremos no movimento de superação de todas as dificuldades que nos torna a vida pesada.

Essa é a qualidade do aprendiz do Amor: a suavidade e a leveza, que faz com que em qualquer condição que sejamos convidados a trabalhar na Vinha de Jesus, a tarefa seja suave, o fardo seja leve, pois aprendemos a vivenciar o amor, a mansidão e a humildade.

Façamos agora uma analogia da tríade proposta por Jesus: **o jugo do amor, mansidão** e **humildade** com a proposta por Allan Kardec: **trabalho, solidariedade** e **tolerância**, contextualizando-as na formação dos dirigentes e trabalhadores da Casa Espírita. Percebamos que há uma perfeita analogia entre as duas tríades. O **trabalho** está em total sintonia com o **jugo do amor.** Como definimos anteriormente, essa expressão significa "tomar sobre nós o poder do amor", desenvolvendo a vontade de realização, de forma a exercitar o amor ao trabalhar, em nossas tarefas no dia-a-dia, enfim utilizar o poder do amor para vivenciar a própria vida. Sem trabalho não há vida. *"Mas Ele lhes disse: Meu Pai trabalha até agora, e eu trabalho também".* João, 5:17

A **solidariedade** e a **tolerância** estão intimamente ligadas à **mansidão** e a **humildade.**

Sem humildade não podemos ser solidários, pois o orgulho nos faz sentir que somos superiores aos outros, impedindo de sentir compaixão, solidarizando-nos com as dificuldades dos outros.

Não existe tolerância sem mansidão. Quando temos o hábito da revolta, tornamo-nos extremamente intolerantes com as nossas e as dificuldades dos outros. Somente exercitando a mansidão de coração podemos tolerar os obstáculos que surgem em nossas atividades no movimento espírita. Obstáculos causados pelas imperfeições que existem em nós e nos nossos companheiros de trabalho.

Portanto, as tríades se interpenetram e basicamente significam a mesma coisa. Os dirigentes e trabalhadores da causa espírita deverão ter sempre em mente essas tríades, exercitando-as como aprendizes que somos do jugo suave, tornando o trabalho espírita-cristão um fardo leve que, somente com muito exercício de mansidão, humildade, solidariedade e tolerância, poderemos desenvolver.

Se estivermos sempre vigilantes, buscando estar em consonância com essas virtudes, poderemos realizar em nossas Casas Espíritas a tríade proposta por Joanna de Ângelis: **espiritizar, qualificar, humanizar.**

ESPIRITIZAR

QUALIFICAR   **HUMANIZAR**

Fig. 2 – Espiritizar, qualificar, humanizar

Façamos uma analogia desta tríade com o triângulo da sabedoria que estudamos acima. Ao realizar esta trilogia na Casa Espírita estaremos desenvolvendo a sabedoria, efetuando tanto a tríade proposta por Jesus, quanto à proposta por Kardec.

O processo de *qualificar* está no nível da dimensão do saber. O primeiro passo para realizar qualquer ação é conhecer aquilo que estaremos sendo chamados a lidar. Envolve, portanto, o **conhecimento** da Doutrina Espírita, bem como o funcionamento do movimento espírita.

Através dele os dirigentes e trabalhadores espíritas **aprendem o quê** e **como fazer** as tarefas que estarão realizando na Casa Espírita. Significa tomar o nosso jugo, realizar o trabalho que nos cabe na vinha de Jesus, com conhecimento de causa.

O *humanizar* tem a ver com a dimensão do sentir, pois não basta conhecer a Doutrina Espírita; é necessário **senti-la** em nossos corações. Fundamental, portanto, desenvolver **amor** pela doutrina e por aquilo que realizamos no movimento espírita. Isso somente é possível exercitando a **mansidão**, a **humildade**, a **solidariedade** e **tolerância** de **coração**.

O **espiritizar** é o resultado da união entre o *qualificar* e o *humanizar*. Significa tornar-se verdadeiramente espírita, vivenciando em si mesmo o que realiza no movimento espírita. É claro que não significa ser perfeito, condição que estamos muito distantes. Mas é vivenciar aquilo que Allan Kardec diz em *O Evangelho Segundo o Espiritismo*, no Capítulo XVII, item 4, mensagem "Os Bons Espíritas": *"Reconhece-se o verdadeiro espírita pela sua transformação moral e pelos esforços que emprega para domar suas inclinações más"*. Como vimos acima a transformação moral somente acontece quando integramos o **saber** com o **sentir**.

Fundamental, portanto, que realizemos um grande esforço para a tarefa de **espiritizar** o nosso movimento espírita, unindo o *saber* ao *sentimento*, tornando-o realmente o cristianismo redivivo.

Somente a partir do **humanizar** é que será possível **espiritizar**, pois, apenas através do sentimento é que realizamos aquilo que Kardec diz na mesma mensagem: *"... os princípios da Doutrina lhe fazem vibrar fibras que nos outros se conservam inertes. Em suma: é tocado no coração, pelo que inabalável se lhe torna a fé"*.

Aqui percebemos a perfeita sintonia de Allan Kardec com Jesus, quando ele também coloca que somente pelo coração é que podemos realizar a tarefa.

Portanto, só é possível **espiritizar** se desenvolvermos o **amor**, a **mansidão**, a **humildade**, a **solidariedade** e a **tolerância** de **coração,** virtudes que estarão fazendo vibrar nossas fibras mais íntimas para vivenciar em espírito e verdade a Doutrina Espírita, tornando o nosso **trabalho** no movimento espírita suave e leve.

QUESTÕES PARA REFLEXÃO:

1 – Qual a principal característica da liderança de Jesus?
2 – Como podemos exercer uma liderança semelhante em nossas atividades no movimento espírita?
3 – Em que consiste ser aprendiz de Jesus?
4 – Qual o significado da tríade proposta pelo Mestre Jesus aos seus aprendizes? Como podemos desenvolvê-la em nossos corações?
5 – Qual o significado da tríade proposta por Allan Kardec? Qual a relação que existe entre ela e a tríade proposta por Jesus?
6 – Qual o significado da tríade proposta por Joanna de Ângelis? Que importância tem essa tríade para o movimento espírita?

EXERCÍCIO VIVENCIAL:
VINDE A MIM

1. Coloque uma música suave e relaxante. Feche os olhos e busque relaxar todo o seu corpo da cabeça aos pés. Para facilitar o relaxamento você pode contrair a musculatura da face e membros superiores e relaxar por três vezes.
2. Agora reflita sobre o seu trabalho no movimento espírita. Como você tem realizado as suas tarefas? Tem se sentido cansado e oprimido, ou tem se sentido feliz com o trabalho que você desempenha? Analise com toda a sinceridade os seus sentimentos em relação às tarefas com base na sua realidade do dia-a-dia e não somente como você a idealiza.
3. Como você tem se sentido emocionalmente em sua vida como um todo? Qual o seu grau de satisfação ou

insatisfação diante de sua vida? Como estão os seus relacionamentos? Como o trabalho no movimento espírita se insere em sua vida? Que contribuição esse trabalho tem lhe oferecido? Ele tem feito sentido para você? Tem auxiliado a obter uma maior satisfação em sua vida?

4. Agora imagine-se diante de Jesus lhe chamando: *Vinde a mim, você que está cansado e oprimido, e eu lhe aliviarei.* Como você atende esse chamado? Qual é o seu grau de cansaço e opressão?

5. Agora reflita o que representa para você tomar sobre si o jugo de Jesus? O que representa se tornar um aprendiz do amor, da mansidão e da humildade de Jesus?

6. Agora pergunte-se como será a sua vida a partir do momento em que você aceitar ser o aprendiz e começar a exercitar, em espírito e verdade, as lições de amor, mansidão e humildade de Jesus, vivenciando plenamente em você as suas lições de amor.

7. Anote as suas respostas.

CAPÍTULO 2

O APRENDIZ ENCONTRA A SUA ESSÊNCIA

*V*IMOS NO CAPÍTULO ANTERIOR que a maior tarefa que cabe a todos nós, dirigentes e trabalhadores espíritas, é nos tornarmos verdadeiros aprendizes do jugo e da sabedoria de Jesus, de modo a tornar suaves e leves as atividades que exercemos no movimento espírita.

Para conseguirmos realizar esse mister é muito importante que desenvolvamos um trabalho de autoconhecimento, com o intuito de realizar o domínio das nossas más inclinações, como nos adverte Kardec.

Nunca é demais lembrar as questões 919 e 919-a de *O Livro dos Espíritos*, nas quais Santo Agostinho nos conclama a essa tarefa:

> *Qual o meio prático mais eficaz que tem o homem de se melhorar nesta vida e de resistir à atração do mal?*
>
> *"Um sábio da antiguidade vo-lo disse: Conhece-te a ti mesmo". "... O conhecimento de si mesmo é, portanto, a chave do progresso individual".*

Autoconhecer-se significa mergulhar em si mesmo, buscando as más inclinações para, a partir daí, dominá-las, transformando-as em sentimentos superiores.

No capítulo anterior, ao comentarmos a passagem relatada por Mateus no Capítulo 11, vv. 28 a 30, vimos que Jesus nos propõe a aprender uma tríade: o amor, a mansidão e a humildade, para nos libertarmos do cansaço e da opressão causados por nós mesmos.

Podemos, a partir dessa proposição, questionar: o que nos gera esse cansaço e opressão? Por dedução vamos chegar à seguinte tríade: o desamor, a rebeldia e o orgulho, sentimentos que são a negação da tríade anterior.

Esses sentimentos, por serem de teor grosseiro, nos geram muito cansaço e opressão.

Neste capítulo vamos estudar a geratriz desses sentimentos que nos tornam a vida pesada. Estaremos nos baseando na parábola dos dois filhos, mais conhecida como Parábola do Filho Pródigo, conforme narrativa de Lucas no capítulo 15, vv. 11 a 32.

E disse: Um certo homem tinha dois filhos.

E o mais moço deles disse ao pai: Pai, dá-me a parte da fazenda que me pertence. E ele repartiu por eles a fazenda.

E poucos dias depois, o filho mais novo, ajuntando tudo, partiu para uma terra longínqua e ali desperdiçou a sua fazenda, vivendo dissolutamente.

E, havendo ele gastado tudo, houve naquela terra uma grande fome, e começou a padecer necessidades.

E foi e chegou-se a um dos cidadãos daquela terra, o qual o mandou para os seus campos a apascentar porcos.

E desejava encher o seu estômago com as bolotas que os porcos comiam, e ninguém lhe dava nada.

E, caindo em si, disse: Quantos trabalhadores de meu

pai têm abundância de pão, e eu aqui pereço de fome!
Levantar-me-ei e irei ter com meu pai, e dir-lhe-ei: Pai,
pequei contra o Céu e perante ti.
Já não sou digno de ser chamado teu filho. Faze-me
como um dos teus trabalhadores.
E, levantando-se, foi para seu pai, e, quando ainda
estava longe, viu-o seu pai, e se moveu de íntima
compaixão, e, correndo, lançou-se-lhe ao pescoço, e o
beijou.
E o filho lhe disse: Pai, pequei contra o céu e perante ti
e já não sou digno de ser chamado teu filho.
Mas o pai disse aos seus servos: Trazei depressa a
melhor roupa, e vesti-o, e ponde-lhe um anel na mão e
sandálias nos pés, e trazei o bezerro cevado, e matai-o;
e comamos e alegremo-nos, porque este meu filho
estava morto e reviveu; tinha se perdido e foi achado. E
começaram a alegrar-se.
E o seu filho mais velho estava no campo; e, quando
veio e chegou perto de casa, ouviu a música e as
danças.
E, chamando um dos servos, perguntou-lhe que era
aquilo.
E ele lhe disse: Veio teu irmão, e teu pai matou o
bezerro cevado, porque o recebeu são e salvo.
Mas ele se indignou e não queria entrar. E, saindo o
pai, instava com ele.
Mas, respondendo ele, disse ao pai: Eis que te sirvo a
tantos anos, sem nunca transgredir o teu mandamento,
e nunca me deste um cabrito para alegrar-me com os
meus amigos.
Vindo, porém, este teu filho, que desperdiçou a tua
fazenda com as meretrizes, mataste-lhe o bezerro
cevado.

E ele lhe disse: Filho, tu sempre estás comigo, e todas as minhas coisas são tuas.

Mas era justo alegrarmo-nos e regozijarmo-nos, porque este teu irmão estava morto e reviveu; tinha se perdido e achou-se.

Vamos analisar esta parábola dentro de um ponto de vista psicológico transpessoal.

As diversas abordagens psicológicas transpessoais nos relatam a existência de duas estruturas em nosso psiquismo. Uma, denominada de *Ego*, e outra denominada de variadas formas: Self, Eu Profundo, Eu Superior ou, a que preferimos, *Ser Essencial*.

O Ser Essencial é a Essência Divina amorosa, que todo ser humano é, imagem e semelhança do Criador, conforme narra poeticamente a gênese bíblica, e o Ego, fruto da imperfeição e ignorância que ainda existem em nós, formado por duas faces: uma evidente, caracterizada pelo desamor, e outra, mascarada pelo pseudo-amor.

Vejamos estas duas estruturas de nosso psiquismo mais detalhadamente.

Representemos, didaticamente, a psique humana como sendo formada por três esferas concêntricas. A camada interna representa o **Ser Essencial**, permeada pela energia do Amor; a intermediária e a externa representam o **Ego**, sendo a primeira as **Negatividades do Ego**, permeada pela energia do **Desamor** e a segunda as **Máscaras do Ego**, permeada pela energia do **Pseudo-amor**:

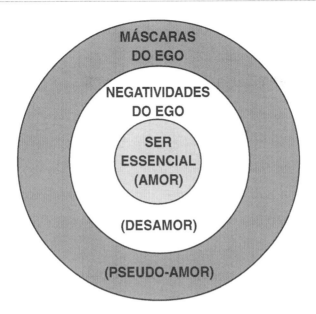

Fig. 3 – Esquema representativo da psique humana em uma abordagem transpessoal

SER ESSENCIAL OU CAUSAL é o Centro da Consciência, onde estão fixadas todas as características positivas e valores reais do indivíduo.

É o nosso Eu Superior, Profundo, o Self. O Ser Essencial é o nosso lado luz, o nosso lado amoroso, bom e belo. É a Essência Divina que somos.

Somos nós em estado de luz natural, onde encontramos todas as potencialidades de forma latente que vão emergir e se desenvolver, aos poucos, a partir do momento em que nos identificamos conosco mesmos, cujo ponto culminante é o estado de iluminação.

Originam-se no Ser Essencial todos os sentimentos nobres que nos caracterizam: bondade, fraternidade, solidariedade, ética, compaixão, justiça, sinceridade, tolerância, amizade, auto-estima, etc., enfim, todos os valores que são derivados da energia de **Amor** que o compõe.

O Ser Essencial é um campo de energia eletromagnética que pode estar expandido ou inibido, dependendo das camadas exteriores que compõem o Ego.

Podemos dizer que o Ser Essencial é o Espírito propriamente dito, conforme vemos em *O Livro dos Espíritos*, questão 88: *"O Espírito é, se quiserdes, uma chama, um clarão, ou uma centelha etérea".*

EGO é a camada de ignorância que envolve o Ser Essencial, onde ficam registradas todas as experiências equivocadas, nas quais não colocamos em prática o amor essencial. É o nosso Eu menor, inferior.

É composto de duas partes:

NEGATIVIDADES DO EGO – é a parte do ego onde ficam registrados todos os sentimentos que representam a ausência do valor essencial correspondente.

Esses sentimentos se originam na energia de desamor (ausência do amor) que compõem o Ego. Exemplo: ódio, egoísmo, orgulho, revolta, raiva, mágoa, ressentimento, angústia, depressão, ansiedade, desespero, medo, pânico, violência, cólera, ciúme, etc.

Todos esses sentimentos negativos apenas representam o movimento egóico de não-valor e por isso são transitórios. Existem enquanto não nos dispomos a cultivar os sentimentos reais que são os essenciais.

MÁSCARAS DO EGO – é a parte disfarçada, mascarada, onde o Ego lança mão dos seus instrumentos de defesa e fuga.

As máscaras originam-se na energia de pseudo-amor, na qual o indivíduo, consciente ou inconscientemente, mascara as negatividades do Ego com sentimentos aparentemente positivos. *Exemplo: euforia, autopiedade, perfeccionismo, pseudoperdão, martírio, puritanismo, etc.*

Observando-se os sentimentos mascarados superficialmente, tem-se a impressão de que são reais, mas se os analisarmos profundamente, perceberemos que são falsos, parecem reais, mas não são, pois continuam sendo um **não-valor** que se origina na energia do pseudo-amor para encobrir sentimentos oriundos do desamor.

As máscaras podem, quando vitalizadas, impedir o contato mais profundo com o Ser Essencial, pois ao parecer que cultiva os valores essenciais, o indivíduo cristaliza estes sentimentos falsos.

Façamos agora uma exegese da parábola que aborda, de uma maneira muito profunda, a trajetória evolutiva do ser humano.

"E disse: Um certo homem tinha dois filhos".

Na parábola esse homem representa Deus, que Jesus chamava carinhosamente de Pai, e os dois filhos, todos os seres humanos.

Representa cada ser humano em sua individualidade, com suas características egóicas evidentes (negatividades) e as mascaradas, e, ao mesmo tempo, a diversidade de seres humanos, cada um com suas características mais marcantes.

A Casa do Pai representa a nossa própria essência divina, o Ser Essencial que somos.

Temos, como irmãos em humanidade, aqueles que estão mais identificados com a postura do filho mais novo, vivenciando sua primeira fase, na qual busca os prazeres efêmeros, ligados ao Ego, e vivencia intensamente o desamor, gerador das negatividades do Ego até entrar em sofrimento.

Temos aqueles que se identificam mais com a postura do Filho Pródigo em sua segunda fase, na qual se arrepende dos males praticados e retorna à Casa do Pai, isto é, faz o auto-encontro, no qual se identifica novamente com a própria essência divina, e, conseqüentemente, volta à comunhão com Deus. E muitos se encontram em plena identificação com o filho mais velho, vivenciando as máscaras do Ego. Estão aparentemente desenvolvendo o amor, mas que, na realidade, é pseudo-amor. O desamor está oculto pelo pseudo-amor.

Mas de uma forma geral todos temos, mais ou menos intensamente, as três posturas durante a nossa trajetória de vida, tanto numa mesma encarnação, mas, principalmente, nas várias encarnações sucessivas.

"E o mais moço deles disse ao pai: Pai, dá-me a parte da fazenda que me pertence".

Aqui temos a representação dos bens que Deus nos dá, a cada reencarnação, para evoluirmos – *"parte da fazenda que me pertence"* – e do livre-arbítrio, para usarmos como nos aprouver.

Trazemos, como doação divina, todos os recursos necessários à nossa evolução, a começar pelo próprio corpo que recebemos, e somos responsáveis pelo uso que fizermos desses recursos.

Joanna de Ângelis diz que somos "herdeiros do Universo". Temos todos os bens do Universo à nossa disposição para evoluir. Todos esses bens pertencem a Deus, somos simples usufrutuários.

"E ele repartiu por eles a fazenda".

Jesus nos chama a atenção para a eqüidade Divina.

Deus dá as mesmas oportunidades a todos os seus filhos. Percebamos que foi o mais moço que solicitou a sua parte, mas o pai repartiu a fazenda com os dois.

O que vemos como diferenças de bens entre as criaturas, na realidade é aparente, pois, para aqueles cujos bens estão em carência, por algum motivo, é porque, dentro do princípio da lei de causa e efeito, malbarataram esses bens em algum momento, e por isso estão experimentando a carência.

"E poucos dias depois, o filho mais novo, ajuntando tudo, partiu para uma terra longínqua e ali desperdiçou a sua fazenda, vivendo dissolutamente".
Aqui Jesus nos chama novamente a atenção para o uso do livre-arbítrio, que sempre acontece com a permissão divina.

Percebamos que o pai não tenta, em momento algum, demover o filho do seu desejo de partir para uma terra longínqua, afastar-se do seu convívio amoroso.

É claro que ele sabia que o filho estava cometendo um equívoco, mas Deus respeita sempre o nosso livre-arbítrio, mesmo quando estamos errados, pois Ele sabe que, cedo ou tarde, retornaremos ao seu convívio.

Vemos, ainda aqui, o profundo egoísmo do filho mais novo, gerador do mau uso do livre-arbítrio, que ajunta tudo, sem se importar com o pai e vai para uma terra longínqua para viver dissolutamente, desperdiçando todos os bens de que dispunha.

O egoísmo – que significa, literalmente, *culto ao ego* – leva a nos distanciarmos intensamente da Casa do Pai, a nossa essência de amor e de Deus. Vamos, literalmente, para uma terra longínqua, distante da Casa do Pai, para vivenciar o desamor por nós mesmos, pelo próximo, pela própria vida.

Muitas vezes passamos encarnações inteiras assim, vivendo no puro egoísmo, a buscar somente os prazeres egóicos, sensuais e efêmeros, desperdiçando os recursos que Deus nos dotou para a evolução.

Nessa condição vivemos apenas para gozar a vida, querendo somente o nosso bem-estar em detrimento dos outros, como se essa fosse a finalidade da existência. Percebamos que, em realidade, esse é um *pseudobem*, pois ninguém consegue o verdadeiro bem praticando o desamor.

Quando o ser humano escolhe esse caminho, as conseqüências serão sempre funestas, pois não é possível fazer mau uso do livre-arbítrio, desperdiçando os recursos divinos que recebemos para evoluir nas diversas encarnações, sem causar danos a nós mesmos.

Estudemos o que *O Livro dos Espíritos* aborda sobre a questão:

Qual o fim objetivado com a reencarnação?

"Expiação, melhoramento progressivo da Humanidade. Sem isto, onde a justiça?"

É limitado o número das existências corporais, ou o Espírito reencarna perpetuamente?

"A cada nova existência, o Espírito dá um passo para diante na senda do progresso. Desde que se ache limpo de todas as impurezas, não tem mais necessidade das provas da vida corporal."

É invariável o número das encarnações para todos os Espíritos?

"Não. Aquele que caminha depressa, a muitas provas se forra. Todavia, as encarnações sucessivas são sempre muito numerosas, porquanto o progresso é quase infinito."

O que fica sendo o Espírito depois da sua última encarnação?

"Espírito bem-aventurado; puro Espírito."

Quando na erraticidade, antes de começar nova existência corporal, tem o Espírito consciência e previsão do que lhe sucederá no curso da vida terrena?

"Ele próprio escolhe o gênero de provas por que há de passar e nisso consiste o seu livre-arbítrio."

a) – Não é Deus, então, quem lhe impõe as tribulações da vida, como castigo?

"Nada ocorre sem a permissão de Deus, porquanto foi Deus quem estabeleceu todas as leis que regem o

Universo. Ide agora perguntar por que decretou Ele esta lei e não aquela.

Dando ao Espírito a liberdade de escolher, Deus lhe deixa a inteira responsabilidade de seus atos e das conseqüências que estes tiverem. Nada lhe estorva o futuro. Abertos se lhe acham, assim, o caminho do bem, como o do mal. Se vier a sucumbir, restar-lhe-á a consolação de que nem tudo se lhe acabou e que a bondade divina lhe concede a liberdade de recomeçar o que foi mal feito..." [5]

Nos próximos versículos estaremos vendo o resultado do mau uso do livre-arbítrio e o recomeço do Filho Pródigo após sofrer as conseqüências de suas escolhas.

"E, havendo ele gastado tudo, houve naquela terra uma grande fome, e começou a padecer necessidades".

Aqui Jesus aborda a conseqüência de nossos atos. Quando esbanjamos os recursos que possuímos, distanciados do amor divino, cedo ou tarde, entraremos em fome, em carência.

Essa fome não é a do pão. Ela não é material, mas a principal fome que o ser humano pode ter, que é a de amor, a fome espiritual.

O filho gasta todos os recursos da sua existência, recursos que deveria ter utilizado com parcimônia para o seu próprio bem.

É isso que acontece com muitos de nós. Utilizamos a energia vital do nosso corpo para obter prazeres de toda ordem, distantes do prazer essencial que é realizado pelo exercício do amor. É claro que entraremos, necessariamente, num estado de carência de energia, resultando em doenças no corpo físico.

---

[5] *O Livro dos Espíritos*, Allan Kardec, questões 167 a 170, 258 e 258-a

Outras vezes abusamos dos recursos materiais de que dispomos, sem pensar que eles são finitos, prejudicando a nós mesmos – e outras pessoas – e chega um momento em que eles nos faltarão para que aprendamos a valorizá-los. Enfim, todo abuso terá sempre uma conseqüência, resultando em carência. Mas, sem sombra de dúvida, a maior necessidade que podemos padecer é a espiritual, maior de todas as carências, que nos faz famintos de amor. Lembremos que o filho estava numa terra longínqua, distante da Casa do Pai. Quando nos afastamos de nossa essência e de Deus, cedo ou tarde, experimentaremos uma grande carência. Mesmo que num primeiro momento esse afastamento represente liberdade para nós, na verdade é uma falsa liberdade, pois, ao nos distanciarmos do Essencial para vivenciar o Ego, entraremos em uma grande fome: a carência de luz e amor que nós mesmos nos proporcionamos.

"E foi e chegou-se a um dos cidadãos daquela terra, o qual o mandou para os seus campos a apascentar porcos. E desejava encher o seu estômago com as bolotas que os porcos comiam, e ninguém lhe dava nada".

Nestes versículos Jesus demonstra a imensa carência a que chegamos quando usamos mal o livre-arbítrio.

Chega um momento em que nos sentimos sem nada, extremamente carentes de tudo e ninguém nos dá nada.

Jesus chama a atenção para isso nesta parte da parábola, porque, se levarmos ao pé da letra, é um absurdo que um trabalhador não tenha nem o alimento para se manter. Até os escravos tinham a alimentação, pois sem ela não poderiam trabalhar.

É necessário pensar no aspecto simbólico. Aqui Jesus adverte para o fato de que essa carência não é, simplesmente, fome de alimento. É uma carência espiritual e que ninguém de fora pode preenchê-la. Apenas a própria criatura pode saciá-la, através de um ato de amor por si mesma. O Filho Pródigo entra num sofrimento acerbo, como resultado de suas escolhas. Como ele se distanciou do amor e da pureza que havia na Casa do Pai, da própria essência precisa *expiar* os seus atos.

Vimos na questão 167 de *O Livro dos Espíritos*, colocada anteriormente, que o objetivo da reencarnação é a *expiação*. Façamos uma análise do significado da palavra *expiação*. O prefixo *ex* significa *"extrair de dentro"* e *"pia"* quer dizer *pureza*. Expiar, portanto, é extrair a pureza que há dentro, na própria essência da criatura.

Nas questões 168 e 170 de *O Livro dos Espíritos* isso fica claro, quando os benfeitores dizem que a reencarnação só acontece enquanto o Espírito tem impurezas a serem limpas e que, ao final, ele será puro Espírito.

A expiação é o mecanismo que Deus criou para que possamos retornar à Casa, voltar ao seu convívio, mais cedo ou mais tarde, fazendo com que desejemos nos purificar de nossos erros, pois todo erro, por ser fruto do desamor ou do pseudo-amor, é um distanciamento do amor e da pureza que há em nossa essência e da comunhão com o Criador.

O Universo é regido pela Lei do Amor. Quando nos distanciamos desse amor, entramos em carência.

É esse o grande erro que cometemos, pois partimos para terras longínquas, distantes da Casa do Pai e ficamos deslocados de nosso eixo amoroso.

Mas não fomos criados para ficar longe da Casa do Pai. Ficar longe do amor traz carências imensas e muito sofrimento.

A expiação, portanto, será um mecanismo da vida que estará nos convidando ao amadurecimento, a retornar à Casa Paterna, a refletir sobre as ações equivocadas que realizamos para, a partir dessas reflexões, canalizarmos as nossas energias para nos reabilitar, conforme veremos nos próximos versículos.

"E, caindo em si, disse: Quantos trabalhadores de meu pai têm abundância de pão, e eu aqui pereço de fome!" Jesus se refere, aqui, ao momento que acontecerá na vida de todos nós. O instante em que tomamos consciência das nossas atitudes equivocadas.

O filho percebe a sua imensa carência, mas lembra-se da abundância que havia na Casa do Pai, da qual ele, voluntariamente, havia se distanciado. Ele está com fome espiritual e na Casa do Pai a espiritualidade é abundante.

Trazemos em nossa própria consciência as leis divinas como atesta a questão 621 de *O Livro dos Espíritos* [6]. Mesmo quando, deliberadamente, a anestesiamos, seguindo caminhos equivocados na busca dos prazeres egóicos, conforme fez o Filho Pródigo, o seu despertar acontecerá, cedo ou tarde, pois, não é possível para a criatura sufocar permanentemente a lei divina impressa em sua própria essência.

"Levantar-me-ei, e irei ter com meu pai, e dir-lhe-ei: Pai, pequei contra o céu e perante ti. Já não sou digno de ser chamado teu filho; faze-me como um dos teus trabalhadores." Nestes versículos Jesus aborda questões de suma importância na evolução do ser humano, que são resultado das reflexões que acontecem a partir do despertar da consciência.

Ele chama a atenção para os mecanismos amorosos do arrependimento e reabilitação da consciência, que se constituem no autoperdão.

A partir desse despertar o Filho Pródigo começa, por si mesmo, a preencher a sua carência. Como a carência foi causada pelo desamor, somente através do amor é que ele poderá preenchê-la.

---

[6] Questão 621: Onde está escrita a lei de Deus? "Na consciência."

Vemos que ele pensa em se levantar – portanto uma atitude de auto-amor –, pois poderia continuar em queda, num movimento de desamor, ou entrar num mecanismo de autopiedade por estar caído, se achando um coitado por estar assim, num movimento de pseudo-amor.

Percebamos que o Filho Pródigo, neste momento, está pensando sobre a melhor atitude a tomar, está criando uma *idealização*, isto é, exercendo uma ação para se criar, mentalizar uma idéia.

A mentalização das idéias acontece no plano das potencialidades, ou seja, a idéia só existe enquanto potencial, um ideal a ser realizado. O Filho Pródigo tem o potencial dentro de si mesmo para se reabilitar, desde que o deseje.

Quando a nossa consciência desperta, a primeira coisa a ser feita é tomar ciência da posição em que nos encontramos e para onde queremos ir. Por isso é fundamental idealizar o que fazer, isto é, planejar as nossas ações, antes de exercitá-las.

Quando idealizamos a efetivação de um potencial latente em nós mesmos e nos esforçamos para realizá-lo, estamos agindo em conformidade com o Essencial em nós. Buscamos nessa atitude o encontro com o potencial divino latente em nós. É a primeira atitude a ser tomada para retornarmos à Casa do Pai.

Outro tema importante que Jesus analisa é a questão do pecado. Trazemos ainda uma relação extremamente negativa com a palavra pecado, fruto da deturpação que esse termo sofreu ao longo do tempo, especialmente na Idade Média, estando associado a algo abominável, que precisa ser eliminado de nossas vidas com muita penitência e sofrimento.

Nessa perspectiva medieval o pecado está intimamente ligado à culpa e punição e, por isso, deve ser execrado.

Na realidade a concepção cristã original não tem esse peso que hoje vemos nessa palavra. A palavra pecado foi traduzida a partir do original grego *hamartia*, que significa, literalmente, *errar o alvo*.

Pecar significa, portanto, errar o alvo, errar o caminho a ser percorrido e foi isso que aconteceu com o Filho Pródigo. Ele apenas se equivocou em suas ações. Percebe o erro cometido quando tem a sua consciência desperta, e deseja a reabilitação, deseja retornar ao caminho correto, retornar à Casa do Pai. E é exatamente isso que Deus deseja de nós, a nossa reabilitação.

O erro faz parte dos caminhos da vida, pois se Deus não quisesse que errássemos, Ele nos criaria perfeitos e não simples e ignorantes.

O aperfeiçoamento será realizado pelas experiências que passamos, com erros e acertos.

Por isso vimos no início da parábola que o Pai não impediu o filho de errar, pois sabia que mesmo essa escolha acabaria resultando num bem para ele, pois cedo ou tarde, ele voltaria a se reabilitar do erro, transformando-o numa experiência valiosa de aprendizado.

Depois Jesus nos chama a atenção para o fato dele não se sentir digno por ter praticado indignidades. Este é um ato de humildade, primeiro passo para o arrependimento e reabilitação. Ele não se sente digno de ser filho, mas pode ser um trabalhador do pai.

Lembremos que quando tem a sua consciência desperta, ele se lembra que os trabalhadores viviam em abundância, eram ricos de espiritualidade, que ele voluntariamente havia desprezado.

É uma reflexão fundamental no processo de mudança. Somente a abundância de amor pode transformar o desamor que existe em nós.

Ao pensar em solicitar trabalho ao pai, ele humildemente solicita reabilitação. E é isso mesmo que precisamos fazer, trabalhar com a nossa intimidade para nos reabilitarmos perante a nossa própria consciência, pois, o arrependimento em relação aos erros cometidos, é o primeiro passo na reabilitação, mas não basta por si só, em conformidade com o que Kardec diz em *O Céu e o Inferno*:

O arrependimento, conquanto seja o primeiro passo para a regeneração, não basta por si só. São precisas a expiação e a reparação.

Arrependimento, expiação e reparação constituem, portanto, as três condições necessárias para apagar os traços de uma falta e suas conseqüências. O arrependimento suaviza os travos da expiação, abrindo pela esperança o caminho da reabilitação; só a reparação, contudo, pode anular o efeito destruindo-lhe a causa. Do contrário, o perdão seria uma graça, não uma anulação. [7]

O autoperdão, portanto, não se constitui uma anulação dos erros cometidos. Isso não existe na Lei Divina. O autoperdão é o mecanismo que Deus sempre nos faculta para trabalharmos na reabilitação da nossa própria consciência.

Para que haja uma reabilitação verdadeira é preciso expiar e reparar os males praticados e isso requer muito trabalho, se constituindo num processo gradativo e demorado.

O Filho Pródigo havia desperdiçado os bens que pertenciam ao pai e agora, perante a sua consciência, somente sendo recebido como um trabalhador, ele sentia que poderia, ao trabalhar para o pai, reconstruir os bens perdidos.

Esse é o processo de auto-reabilitação, que propicia a reparação, dando para a Vida, aquilo que tiramos dela.

"E, levantando-se, foi para seu pai; e, quando ainda

---

[7] *O Céu e o Inferno*, Allan Kardec, 1ª Parte, Capítulo VII, p. 92

estava longe, viu-o seu pai, e se moveu de íntima compaixão, e, correndo, lançou-se-lhe ao pescoço, e o beijou".

Aqui o Filho Pródigo parte para a realização daquilo que havia idealizado. Antes ele estava na esfera do pensamento, do ideal. Agora está em plena realização – *"E levantando-se, foi para seu pai"* –, a ação para tornar real, o ideal.

Jesus quer chamar a atenção para a ação no bem, pois não basta idealizar o bem; é necessário praticá-lo. Não basta se imaginar de pé; é fundamental fazer o esforço de se levantar e partir para a ação.

É muito comum muitos de nós idealizarmos todo um processo de mudança em nossas vidas, com o intuito de reabilitar a nossa consciência, mas ficamos apenas na idéia, sem colocá-la em prática.

Dizemos assim: "Um dia desses eu começo" e como um *dia desses* não existe no calendário, adiamos indefinidamente a reabilitação.

Na segunda parte do versículo Jesus aborda a recepção que ele tem de seu pai. O pai o recebe com *íntima compaixão,* aquilo que ele tinha de mais puro em sua intimidade.

A compaixão é a virtude filha dileta do amor, que faz compreender que aquele que erra não é indigno, mesmo quando pratica indignidades, pois compreende que praticar indignidades é fruto da ignorância que precisa, apenas, ser corrigida e não condenada.

Deus jamais se ofende quando os seus filhos erram, pois Ele sabe de todos os potenciais que trazemos e como é Onisciente sabe, também, quando acontecerá a nossa completa purificação e que ela acontecerá fatalmente.

Ele sabe que todos os equívocos são transitórios. Não nos pune quando nos equivocamos, mas criou leis das quais não podemos fugir, porque são para o nosso próprio bem. Daí é que surgem as aparentes punições, que em realidade são expiações, processos de purificação interior.

Por isso Jesus coloca a questão da compaixão do Pai, pois nenhum dos seus filhos é indigno do Seu amor, mesmo quando pratica indignidades.

"E o filho lhe disse: Pai, pequei contra o Céu e perante ti e já não sou digno de ser chamado teu filho."

Aqui temos, de forma sublime, o exercício da humildade, antes apenas idealizada.

Podemos refletir também, neste versículo, que mesmo sendo recebido com carinho, amor e compaixão pelo pai, ele ainda se sente indigno, porque o processo de reabilitação não depende do outro, acontece apenas no interior da criatura.

Como vimos anteriormente Deus sempre nos trata com dignidade, mas apesar disso, quando praticamos indignidades, o processo de reabilitação diz respeito apenas à nossa consciência, e não depende de Deus.

Esse processo não é fácil de acontecer, pois enveredar pelos equívocos provocados pelo desamor é relativamente fácil, mas fazer o caminho de volta ao amor é muito difícil, pois necessitaremos muitos exercícios de auto-amor para esse mister, pois a consciência, sendo o Divino em nós, é amor, e, ao escolher os equívocos do desamor, deixamos marcas intensas nela, dependendo da intensidade do mal praticado. Por isso a reabilitação é demorada, pois fomos criados para praticar o amor e não o desamor.

Para que essa reabilitação aconteça é necessário que o Filho Pródigo trabalhe no desenvolvimento do amor e compaixão para consigo mesmo, para suavizar a própria consciência, tendo como modelo o amor e a compaixão do próprio Pai, da forma como ensina Jesus a seus aprendizes sobre o jugo suave e o fardo leve, conforme vimos no capítulo anterior.

Para experimentar os sentimentos nobres do amor e da

compaixão, precisamos exercitá-los muitas vezes até senti-los, para poder vivenciá-los.

"Mas o pai disse aos seus servos: Trazei depressa a melhor roupa, e vesti-o, e ponde-lhe um anel na mão e sandálias nos pés, e trazei o bezerro cevado, e matai-o; e comamos e alegremo-nos, porque este meu filho estava morto e reviveu; tinha se perdido e foi achado. E começaram a alegrar-se."

O pai, no entanto, o recebe como filho muito amado. Jesus nos lembra a condição de filhos de Deus que somos em quaisquer circunstâncias.

Mesmo quando praticamos indignidades, nunca perdemos a paternidade divina. Podemos nos afastar d'Ele, mas Ele nunca se afasta de nós e estará sempre nos aguardando.

Quando nos afastamos da Casa do Pai para terras longínquas, ficamos perdidos em nossa própria ignorância, morremos psicologicamente, pois nos afastamos de nossa essência e de Deus.

Quando decidimos retornar, revivemos. Estávamos perdidos e nos auto-encontramos, pois retornamos ao amor e a felicidade que é a nossa destinação real, como Filhos de Deus que somos, herdeiros do Universo. Por isso, a alegria do Pai oferecendo, novamente, tudo de bom ao filho que reviveu, que se auto-encontrou.

É assim que Deus nos trata, nos oferecendo sempre os bens necessários à nossa evolução, mesmo quando os desperdiçamos, a partir do momento em que demonstramos real humildade e arrependimento.

É necessário assinalar que, apesar de na parábola a trajetória de vida do Filho Pródigo ser linear, ele sai da casa do pai, erra fragorosamente, sofre as conseqüências do erro, se arrepende e retorna. Em realidade, isso dificilmente acontece dessa forma.

Muitas vezes passamos várias encarnações na primeira fase, em que nos distanciamos da Casa do Pai. Depois podemos passar existências inteiras sofrendo as conseqüências de nossos erros para, depois, nos conscientizarmos de que esse sofrimento é fruto de nossas escolhas equivocadas, resultado do desamor que praticamos, para que, num ato de auto-amor, possamos nos arrepender e lentamente utilizar várias existências retornando à Casa do Pai, exercitando o amor a Deus sobre todas as coisas e ao próximo como a nós mesmos.

Uma coisa é certa: o Filho Pródigo, cedo ou tarde, retorna à Casa do Pai, verdade esta expressa, de forma belíssima, em *O Livro dos Espíritos*, questão 116:

Haverá Espíritos que se conservem eternamente nas ordens inferiores?

Não. Todos se tornarão perfeitos. Mudam de ordem, mas demoradamente, porquanto, como já doutra vez dissemos, um pai justo e misericordioso não pode banir seus filhos para sempre. Pretenderias que Deus, tão grande, tão bom, tão justo, fosse pior do que vós mesmos? [8]

"E o seu filho mais velho estava no campo; e, quando veio e chegou perto de casa, ouviu a música e as danças."
Esta parte da parábola é quase ignorada pela maioria das pessoas, tanto que ela é mais conhecida como *Parábola do Filho Pródigo*, e não como Jesus propôs, que é *Parábola dos Dois Filhos*.

Lembramos quase sempre do filho que erra, se arrepende e volta ao convívio do pai e esquecemos do filho mais velho.

Jesus, no entanto diz, desde o início, que esta é a parábola de *"um certo homem que tinha dois filhos"*. E é nesta parte da

---

[8] *O Livro dos Espíritos*, Allan Kardec, questão 116

parábola que Ele chama a atenção para um movimento psicológico importantíssimo, que é o do mascaramento das negatividades do Ego, a máscara do desamor, pelo pseudo-amor.

Ele utiliza o irmão mais velho porque as máscaras do Ego são fruto de uma elaboração mental mais sutil, que precisa de mais experiência de vida, por isso utiliza, simbolicamente, o mais velho para ensinar isso.

Para entender toda a parábola é preciso mergulhar na sutileza dos símbolos que Jesus se utiliza, e que passam despercebidos à primeira vista.

Façamos a exegese dos símbolos aqui colocados para entender muitos dos conflitos que existem nos seres humanos.

Esse entendimento é fundamental para percebermos muitas dificuldades que existem no movimento espírita e que dificultam a prática das tríades estudadas no capítulo anterior.

Primeiramente vemos que o filho mais velho estava no campo e quando veio, chegou *perto* da casa.

Jesus nos chama a atenção para o fato desse filho estar no campo. Não estava *na* Casa, mas *perto* da Casa do Pai.

A postura dele é de *estar perto*, mas não *dentro da casa* em comunhão com o Pai. Ele se movimenta no pseudo-amor, e não no amor. O pseudo-amor está *perto* do amor, pois *parece* com ele, mas *não o é*, pois sempre oculta o desamor.

"E, chamando um dos servos, perguntou-lhe que era aquilo"

Ele continua aqui na mesma postura de *estar perto*, pois não se dirige para Casa para perguntar diretamente ao Pai o que estava acontecendo; chama um dos servos e pergunta. Ele reluta em entrar na Casa, em comunhão com o Pai.

"E ele lhe disse: Veio teu irmão; e teu pai matou o bezerro cevado, porque o recebeu são e salvo."

O servo lhe dá a importante notícia do retorno do irmão são e salvo.

*"Mas ele se indignou e não queria entrar. E, saindo o
pai, instava com ele."*
Aqui fica explícito o seu desagrado com o que estava
acontecendo. Ele se revolta com o que está a ocorrer e torna
explícito o seu distanciamento do Pai, apesar de *estar perto*.
Não quer *entrar* na Casa do Pai, não quer *entrar* em comunhão porque a atitude de compaixão do Pai o desagrada.
Não quer se alegrar com o retorno do irmão.
Mas o Pai vai até ele e insiste para que *entre* na Casa,
em comunhão com o Pai e o irmão que retornou.
É o que Deus faz conosco, sempre nos convidando, de
todas as formas, para entrarmos em comunhão com Ele.
*"Mas, respondendo ele, disse ao pai: Eis que te sirvo a
tantos anos, sem nunca transgredir o teu
mandamento, e nunca me deste um cabrito para
alegrar-me com os meus amigos."*
Aqui a máscara cai, apesar dele não perceber isso.
Inicialmente analisemos o que é mandamento na proposta cristã e espírita. A idéia que Jesus faz de mandamento,
diz respeito ao exercício do conjunto de Leis criadas por Deus,
para a condução do Universo e de todas as Suas criaturas.
Deus criou as leis e as colocou na consciência do Ser, conforme vimos anteriormente, ao comentarmos a questão 621, de
O Livro dos Espíritos.
Vemos esse conceito de mandamento de uma forma
magistral no diálogo de Jesus com o doutor da lei, anotado por
Mateus, Capítulo 22, vv. 35 a 40:
*E um deles, doutor da lei, interrogou-o para o
experimentar, dizendo:*
Mestre, qual é o grande mandamento da lei?
*E Jesus disse-lhe: Amarás o Senhor, teu Deus, de todo
o teu coração, e de toda a tua alma, e de todo o teu
pensamento.*

Este é o primeiro e grande mandamento.
E o segundo, semelhante a este, é: Amarás o teu
próximo como a ti mesmo.
Desses dois mandamentos dependem toda a lei e os
profetas.

Neste diálogo Jesus aborda a questão da Lei do Amor, expressão da Lei Divina que dá origem a todas as outras. Ao ler a palavra *mandamento*, imediatamente a associamos a uma ordem imperativa, obrigação, imposição, mando, algo que se deve fazer obrigatoriamente, sob pena de, caso não seja realizado, haver sanções aos infratores. Resta-nos refletir sobre a seguinte pergunta: Como pode o amor ser uma imposição, uma obrigação?

Ao realizar um estudo psicológico do Evangelho, percebemos que, para Jesus, *mandamento* significa apenas uma *regra de conduta a ser exercitada pela criatura*, ao longo do seu processo evolutivo, no qual terá todo o tempo que for necessário para realizar esse mister. Não se evolui forçando-se a natureza, mas desenvolvendo-se, de forma gradativa e suave.

Por isso o Evangelho nos convida, o tempo todo, ao exercício consciente do amor e não a amar por obrigação, pois isso apenas cria a hipocrisia, atitude nociva à própria criatura. Jesus, *psicoterapeuta excelente,* como nos diz Joanna de Ângelis, o grande Médico das Almas, sabedor que é, que seres simples e ignorantes não se transformam por decreto, jamais poderia nos ensinar a praticar o amor de forma obrigatória por ser isso impossível de ser realizado. Ao contrário, o seu convite é repleto de doçura e suavidade, nunca algo a ser feito sob coerção.

Por isso, o conjunto dos mandamentos divinos não é algo que nós seguimos a partir de uma regra *fora* de nós, e sim, de algo vivo *dentro* de nós mesmos. Ele não diz respeito ao Pai, e sim, a cada um de nós. Essa ressalva é importante para entendermos o comportamento mascarado do filho mais velho, apontado por Jesus. Ele coloca-se como um servo do Pai, e não como filho, cujos interesses são comuns com o Pai. Ele estava com o Pai por obrigação *(sem nunca transgredir o teu mandamento)* como um servo, e não por escolha, como um filho, consoante diz Jesus em João, 8:35: *"Ora, o servo não fica para sempre na casa; o filho fica para sempre."*

Aqui Ele deixa claro que o mandamento era do Pai *(teu mandamento)* e não estava presente nele. Não havia comunhão de pensamentos, atitude comum num filho, mas não num servo.

Ao se colocar como servo, ele fica aguardando remuneração; os interesses dele são diversos dos do Pai, quer servir a dois senhores, a Deus e a si mesmo, fato impossível de ser praticado, como diz Jesus em Mateus, 6:24:

"Ninguém pode servir a dois senhores, porque ou há de odiar um e amar o outro ou se dedicará a um e desprezará o outro. Não podeis servir a Deus e a Mamom."

Daí o fato dele, por se considerar servo, não querer entrar na Casa do Pai, pois já não se sentia confortável nela, por ter os seus interesses contrariados. Os filhos têm interesse em comum com o Pai, e por isso ficam *"para sempre na casa"*.

Fica claro que a sua vontade era outra, quando explicita a inveja que sente do irmão. Ele é um servo que teme o seu Senhor. Está ali por obrigação, fazendo tudo de conformidade com os "mandamentos", vivendo uma farsa, pois, no fundo, queria ter feito o que o seu irmão mais novo fez, por isso o seu imenso despeito.

Jesus chama também a atenção neste versículo para uma mentira, quando o filho mais velho diz que o Pai "nunca lhe deu nem um cabrito". Vimos no início da história que, quando o Filho Pródigo solicitou a sua parte na herança, o Pai dividiu com os dois a fazenda. Então os dois já haviam recebido cada um a sua parte. Na realidade ele mente, porque quer mais, não acha que o que já ganhou seja o suficiente. Ele quer um tratamento diferenciado para si, coisa que o Pai com certeza não faz.

Deus trata todos os seus filhos igualmente e oferece a todos os mesmos recursos para evoluir. O que nos parece faltar é fruto do mau uso. A diferença que Jesus quer frisar é que nem sempre percebemos isso. O Filho Pródigo percebe quando está em carência e que foi ele mesmo que a causou. Já o seu irmão mais velho acha que a causa de sua carência são os outros, o Pai, o irmão.

É uma postura típica da criatura mascarada, atribuir os seus problemas aos outros e não a si mesma.

"Vindo, porém, este teu filho, que desperdiçou a tua fazenda com as meretrizes, mataste-lhe o bezerro cevado."

Aqui ficam ainda mais explicitas a inveja, o ciúme, o despeito, a cobiça, exercidas pelo filho mais velho, sem que este se dê conta disso, pois continua numa postura de pseudo-superioridade.

Primeiro ele desconhece o irmão e o trata com imenso desprezo, chamando-o de *"este teu filho"* demonstrando o seu despeito.

Depois ele fala que *"desperdiçou a tua fazenda"*, revelando a ganância que estava por trás desse aparente zelo. Ora, se a fazenda era do Pai, o que ele tinha a ver com isso. Vimos que, no início, ele também havia recebido a parte dele. Na realidade é pura cobiça, pois o Pai recebeu o seu irmão de braços abertos e, novamente, estava lhe oferecendo bens e em sua ganância, ele não podia suportar isso.

No fundo ele quer que o irmão seja banido para sempre da fazenda para poder herdar todos os bens do Pai, simbolizando as pessoas que se alegram em acreditar que vão para um céu de beatitude eterna, por cumprirem com as "obrigações" religiosas puritanas, enquanto os pecadores devem ir para o inferno eterno, banidos do convívio com Deus para sempre. Logo após ele fala que o Pai lhe ofereceu "*o bezerro cevado*", especial, ficando explícito o seu ciúme.

Vemos nesta parte da parábola que o filho mais velho sofre muito, pois não se percebe sendo tratado com privilégios e deferências pelo Pai, por tê-lo servido durante todos aqueles anos. Ele queria ser tratado de maneira especial e fica muito revoltado com as considerações que o irmão, que ele considera um pecador perdulário, havia recebido.

Mas, o pior é que ele não percebe que a causa do sofrimento está nele mesmo, como aconteceu com o seu irmão mais novo, após o despertar de sua consciência. Ele acredita que o seu sofrimento é causado pelo Pai e pelo irmão que voltou. Aqui ocorre um fenômeno psicológico chamado de *projeção*. Ele *projeta no outro* a causa do seu sofrimento, por isso o despeito, sem perceber que está nele mesmo a causa, gerada pela sua revolta e pelo seu orgulho ferido.

Aqueles que cultivam as máscaras nesse nível estão sempre focados nos outros, no que os outros fazem, ou deixam de fazer, e acreditam que somente eles são cumpridores dos mandamentos divinos e, portanto, têm que ter privilégios, e os demais – os pecadores – devem ser punidos e banidos do reino. É o comportamento farisaico comum à época de Jesus e que continua até hoje.

Lamentavelmente este processo vivido pelo irmão mais velho é muito comum em nosso movimento espírita, no qual encontramos muitas pessoas agindo como servos de Deus.

São pessoas extremamente preocupadas com os outros, com os equívocos que os outros estão fazendo e que, na maioria das vezes, são distorções dos seus próprios pensamentos, como na atitude do irmão mais velho. Colocam-se como fiscais daquilo que acontece no movimento e dizem zelar pela pureza da doutrina e do movimento espírita.

Enfim, estão sempre projetados para fora de si mesmos e se acham cumpridores de todos os mandamentos divinos, esquecidos daquilo que Jesus aborda em Mateus, Capítulo 7, vv. 3 a 5:

"E por que reparas tu no argueiro que está no olho do teu irmão e não vês a trave que está no teu olho? Ou como dirás a teu irmão: Deixa-me tirar o argueiro do teu olho, estando uma trave no teu? Hipócrita, tira primeiro a trave do teu olho e, então, cuidarás em tirar o argueiro do olho do teu irmão".

Devido a importância deste fenômeno, estaremos estudando-o com mais detalhes no próximo capítulo.

"E ele lhe disse: Filho, tu sempre estás comigo, e todas as minhas coisas são tuas."

Aqui Jesus deixa claro que o Pai sentia-se junto ao filho, ao contrário do que este pensava, e todo os bens do Universo encontram-se sempre à nossa disposição para evoluirmos, mesmo quando não sentimos isso.

Deus sempre nos ama, e, por isso, está conosco independentemente de estarmos em comunhão com Ele, ou não.

Mas, pelo fato do filho estar perto da Casa e não querer entrar, isto é, não querer entrar em *comunhão* por vontade própria – acreditando estar ele certo e o Pai errado –, o seu processo de despertamento acontecerá muito mais tarde, demorará ainda mais do que o do seu irmão mais novo, pois ele deve se perceber primeiro *sem máscaras*, processo muito doloroso para o próprio Ego, porque lhe fere o orgulho.

Após a queda das máscaras, ele deverá reconhecer que todas as negatividades que ele via no irmão estão nele também, que o desamor está em si mesmo muito vivo, oculto pelo pseudo-amor, e ainda mais intenso, pois o ocultou de si mesmo e dos outros, durante muito tempo.

Depois disso deverá tomar consciência de que é ele mesmo a causa de tudo, e arrepender-se, para depois reparar todos os equívocos praticados.

Por isso o processo se torna ainda mais demorado em relação ao seu irmão mais novo, pois, o exercício do desamor traz conseqüências imediatas, gerando sofrimento e o desejo de se libertar dele, enquanto a prática do pseudo-amor, por se parecer com o amor e ainda ser muito aplaudido pelos que cultivam o *parecer*, em detrimento do *ser*, demora mais tempo para ser percebido como um equívoco.

A mensagem que Jesus quer passar nesta parte da parábola é sobre como são nocivas as máscaras, pois fazem distanciar-nos mais intensamente da nossa própria essência, e conseqüentemente de Deus.

A pessoa que usa as máscaras se acha cumpridora das obrigações, acredita-se melhor do que é, mas, na realidade, somente cultiva a aparência de bondade, pois as máscaras provêm do pseudo-amor, *parecem* amor, mas não são. Estão perto da Casa, mas não dentro dela.

Porque são grandes empecilhos para a evolução humana é que, muitas vezes, Jesus se referiu às máscaras no Evangelho. Colocou-as, com todas as letras, de uma forma muito clara, bastante enérgica, por serem extremamente nocivas à criatura.

O ser humano pode utilizar vários mecanismos de mascaramento do ego.

Vejamos os principais:

Compensação

Mecanismo de defesa pelo qual se procura compensar um comportamento negativo, substituindo-o por um comportamento, aparentemente, positivo. O indivíduo busca consciente ou inconscientemente camuflar, reprimir os seus defeitos e fraquezas pessoais que podem ser reais ou imaginários. Caracteriza-se pelo exagero, pelo excesso das manifestações aparentemente positivas.

A compensação tenta desviar a atenção dos outros desses defeitos, sejam físicos ou morais, através da exacerbação de uma característica socialmente aceita e, muitas vezes, até exigida pelas pessoas como um comportamento verdadeiramente adequado. Mas como esse comportamento é baseado na repressão das negatividades não-trabalhadas do ego, o que surge é apenas uma máscara que *parece*, mas *não é* o valor essencial que se deseja.

Vejamos alguns exemplos práticos desse mecanismo:

Puritanismo: o indivíduo puritano exige de si mesmo, e dos demais, uma pureza que está distante de ser internalizada. Tende a dar ênfase muito grande às questões sexuais. Coloca essas manifestações naturais do ser humano, como algo pecaminoso, impuro.

Por isso exige de si e dos outros uma conduta "impoluta". Está sempre pronto a acusar os outros. Analisando a questão com profundidade, percebe-se que esse fenômeno é pura compensação por desejos sexuais reprimidos e vontade de levar uma vida promíscua, originados nas profundezas do ego que a própria pessoa, consciente ou inconscientemente, se recusa a aceitar.

Fanatismo: o indivíduo fanático caracteriza-se pelo excesso de devotamento a uma causa ou idéia. Quem observa apenas o exterior acha que é uma pessoa muito devotada à sua causa ou ideal. Mas é apenas aparência, pois percebe-se, em uma análise profunda, que esse devotamento é apenas uma compensação inconsciente, resultado da insegurança interior, sobre a veracidade daquilo em que se pensa acreditar.

Martírio: o indivíduo que se coloca como mártir é aquele que faz o papel do bom/boa moço(a), é o bonzinho, a boazinha. Está sempre disposto a *"sacrificar-se"* para *"ajudar"* os outros, mesmo que para isso ele tenha que passar por cima de suas necessidades. Não é capaz de dizer não. Diz sim para tudo e para todos.

Por isso, todo mártir está, quase sempre, envolvido por uma ou mais "vítimas" para serem socorridas, atendidas por ele. Quem observa apenas a aparência, acha que ele é uma pessoa carismática, muito boa, sempre disposta a ajudar os outros. Mas, analisando a situação sem máscaras, percebe-se que o mártir bonzinho é apenas um indivíduo buscando compensar os sentimentos negativos que detém e, por se sentir inferior aos demais, devido a esses sentimentos, procura disfarçá-los fazendo tudo para os outros, para com isso ser aceito e querido por eles.

Para sermos *realmente bons*, é necessário aceitar e transmutar as negatividades do ego, e não simplesmente escondê-los atrás de uma máscara.

Vitimização: a pessoa que se faz de vítima, normalmente apresenta um sentimento de autopiedade muito grande. Coloca-se como *coitada*, necessitando o auxílio dos outros.

Quase sempre está associada com os *mártires* que buscam prover as vítimas em todas as suas "necessidades".

A autopiedade surge como um movimento de compensação ao profundo sentimento de culpa e autopunição que a caracteriza. Analisando-se profundamente, percebe-se que a pessoa que assim age, acha-se indigna do amor, devendo ser punida pelos seus erros e, ao mesmo tempo, coloca-se como *"coitadinha"* para conseguir migalhas de atenção para si.

Perfeccionismo: a pessoa perfeccionista é aquela que procura fazer tudo perfeito, certinho, sem o mínimo erro. Exige essa perfeição de si mesma e das outras pessoas também.

Quando algo sai errado, como é comum acontecer, pois ainda estamos muito distantes da perfeição, o perfeccionista não aceita o erro. Culpa-se e pune-se por isso, quando é ele mesmo a errar, ou culpa e pune a outrem, quando outra pessoa praticou o ato errado.

Observando-se as aparências, poderemos achar que ter perfeccionismo é algo bom, pois a pessoa está sempre procurando fazer as coisas perfeitas. Mas isso é muito diferente da virtude da busca do aperfeiçoamento constante que provém do Ser Essencial, pois quem está nesse caminho aceita que ainda não é perfeito e, portanto, admite o erro, analisando-o como um processo de aprendizado e crescimento. A pessoa que está em busca de aperfeiçoamento constante, torna-se alguém flexível, aceitando os erros, seus e dos outros, como experiências geradoras de aprendizado, fato que não acontece com o perfeccionista.

Euforia: a euforia é muito utilizada para compensar sentimentos de tristeza ou depressão. Para mascarar esses sentimentos, as pessoas utilizam recursos como o álcool, as drogas, festas, compras, sexo, etc. para fugir da tristeza ou depressão que sentem.

Dizem que esses recursos lhes dão alegria, tirando-as do estado de depressão. Mas, se observarmos atentamente, perceberemos que essa alegria é falsa, é apenas euforia, pois uma vez cessado o efeito do álcool e das drogas, ou terminada a festa, ou as compras, elas voltam a sentir uma depressão ainda maior do que a anterior até que, novamente, voltam a fazer uso do mesmo expediente, num círculo vicioso.

Resumindo: todas as vezes que o indivíduo atuar através de atitudes exageradas, em qualquer área, estará camuflando desejos inconscientes opostos. A **compensação** leva o ego a mascarar esses desejos, ignorando o desequilíbrio que fica bloqueado e reprimido no inconsciente. O grande problema é que todo conflito recalcado, não fica mascarado por muito tempo. Termina por aflorar com força, gerando distúrbios muito graves, dos quais a pessoa não poderá fugir.

É necessário que cada indivíduo aceite as suas negatividades do ego, trabalhando pelo seu crescimento interior, através de ações, que ao invés de mascará-las, venham a transmutá-las com a energia do amor.

Projeção

É também chamada de **transferência**. Mecanismo de defesa que leva o indivíduo a interpretar os pensamentos, os sentimentos e as atitudes de outras pessoas, em função de suas próprias tendências. O ego reprime os seus conflitos de personalidade, projetando-os em outras pessoas, fugindo da aceitação de seus erros e da responsabilidade por eles.

A projeção dos sentimentos interiores no mundo exterior comumente significa ver no outro, aquilo de que não se gosta em si mesmo. Toda vez que alguém acusa, com veemência, determinadas características negativas dos outros, está na realidade projetando-se nele, transferindo as negatividades do ego – que o indivíduo não deseja reconhecer em si mesmo – para a outra pessoa. Há uma necessidade de combater no outro, o que ele gostaria de ocultar em si mesmo.

Uma das formas mais comuns de projeção é a necessidade de se culpar os outros pelas próprias atitudes, transferindo para outrem a responsabilidade sobre seus erros. Por exemplo: uma mãe que não dedica todo o tempo que é necessário para ajudar o seu filho com o dever de casa pode projetar a professora como a culpada pelo insucesso de seu filho na escola. A única forma de se libertar da projeção é interromper esse mecanismo de transferência, aceitando os seus defeitos e responsabilizando-se pelos seus erros e acertos e, com isso, tornar-se uma pessoa melhor.

Racionalização

É um processo pelo qual o indivíduo busca justificar quaisquer pensamentos, sentimentos ou ações que julgou inaceitáveis, mediante motivos justos aparentes, que são mais toleráveis do que os verdadeiros. As razões reais de sua conduta são mascaradas por alegações falsas. A pessoa não admite que aquela ação que ela quer realizar é errada, embora em sua consciência isso esteja bem claro. Apesar disso, assume a máscara egóica da racionalização.

Por exemplo: Uma pessoa que explora uma empregada doméstica que recebe um salário baixo, não podendo suportar a angústia de se perceber como exploradora da outra, justifica a sua atitude dizendo: *"Ela é muito incompetente e não merece ganhar mais do que isso"; "Se fosse trabalhar na casa de outra pessoa, ela ganharia menos porque é muito burra".*

Outro exemplo é a vontade de praticar a eutanásia em um parente terminal, sob a alegação de que é mais humano, pois evitaria o sofrimento daquela pessoa. Na verdade busca-se encobrir, com essas alegações pretensamente humanitárias, os próprios sentimentos contrários à permanência daquele parente, pois ele gera muito trabalho e angústia.

Outro exemplo muito comum, inclusive reforçado por alguns terapeutas, é a prática de se colocar para fora todos os sentimentos de revolta, raiva, cólera em cima das pessoas e que são racionalizados como algo terapêutico, necessário para se liberar do estresse. Na realidade, ninguém tem o direito de *"vomitar"* os seus desequilíbrios em cima dos outros, devendo, antes de tudo, examinar as causas pelas quais está sentindo tudo aquilo, para poder transmutar os sentimentos, sem fazer mal a si mesmo, *"engolindo"* a raiva e a cólera, ou aos outros, *"vomitando-as"*, pois esses sentimentos, sendo uma energia, saem de nós e retornam para nós mesmos e todos acabamos ficando mal com isso.

Esse mecanismo de fuga torna-se um desequilíbrio psicológico grave se continuamente utilizado, pois ninguém pode mudar um mal em bem, apenas porque se recusa a aceitar conscientemente esse mal. Esse sentimento deve ser trabalhado, a fim de ser transmutado, ao invés de ser ignorado ou justificado através da racionalização. A continuidade desse processo culmina na perda do sentido existencial.

Identificação

Também chamado **introjeção**, é o mecanismo pelo qual o indivíduo se identifica com valores observados em outra pessoa e que passam a ser vistos como sendo seus valores.

É comum, em virtude desse mecanismo, as pessoas se identificarem com *heróis* ou *ídolos* e se acharem parecidas com eles, assumindo-lhes a forma, os hábitos, os traquejos e trejeitos, o modo de falar e de comportar-se, etc. Por exemplo: esquerdistas que se identificam com Che Guevara ou Fidel Castro e passam a se vestir como eles, usando barba, boina, etc. Cultuadores de Elvis Presley que se vestem, se penteiam como o ídolo.

Hoje é muito comum a identificação com personagens fictícios de telenovelas, filmes e outros programas de televisão, criando-se uma verdadeira dependência, um vício, haja vista o número de revistas que se dedicam exclusivamente ao tema, relatando o que acontece com as personagens e os seus respectivos intérpretes. Isso resulta numa fuga da realidade da vida, por parte dessas pessoas, que passam a viver numa ilusão, identificando-se com ídolos que só existem em sua imaginação.

A identificação é uma tentativa do indivíduo de substituir o vazio interior, através de modelos, ídolos para servirem de referência e, com isso, tentar buscar o preenchimento desse vazio. O resultado é totalmente ineficaz, pois só se consegue preencher esse vazio através do amor. Isso só será possível quando cada um assumir a sua realidade interior, identificando-se consigo mesmo em essência, mantendo o equilíbrio emocional pelo autoconhecimento, eliminando as ilusões de ser uma outra pessoa que, embora proporcionem um prazer imediato, terminam por alienar o ser.

Deslocamento

É o mecanismo pelo qual se desloca um sentimento negativo de uma pessoa, ou situação, para uma outra pessoa, ou situação.

Quando experimentamos, por exemplo, um sentimento de revolta, ou de animosidade contra alguém, ou alguma coisa, mas as circunstâncias não permitem expressá-lo, deslocamos esse sentimento para reações de violência contra objetos que são quebrados, ou outras pessoas que não têm a ver com o problema.

Exemplificando: uma pessoa tem uma dificuldade com o chefe no trabalho e, ao chegar em casa, desloca a sua raiva brigando com a mulher ou com os filhos.

Outra situação comum é quebrar objetos como pratos, dar murros na parede, quando encolerizados. A pessoa desloca a vontade de bater em quem é o motivo da sua cólera para os objetos que destrói.

Negação

A negação é a recusa em reconhecer aquilo que não se quer ver. Por exemplo: fingir não se preocupar que o cônjuge esteja sendo infiel é um tipo de negação muito comum. Outro tipo de negação é a recusa do reconhecimento dos evidentes malefícios do alcoolismo e do tabagismo. Por mais que se conheçam todos os problemas causados por esses vícios, as pessoas continuam bebendo e fumando. O que comumente se diz é: "Esse problema não vai acontecer comigo", como se os problemas só acontecessem com os outros.

"Mas era justo alegrarmo-nos e regozijarmo-nos, porque este teu irmão estava morto e reviveu; tinha se perdido e achou-se".

Aqui Jesus se refere à justiça divina, sempre presente para todos os filhos de Deus, quando o pai chama a atenção do seu filho mais velho para o fato do seu irmão ter revivido, mas este já não o reconhece como irmão, tampouco se alegra com o fato dele ter retornado à Casa.

A justiça divina é feita de compaixão, de misericórdia. Deus quer que todos os seus filhos revivam, se auto-encontrem e se alegra e regozija quando isso acontece, mas aqueles que vivem cultivando as máscaras não vêem justiça nisso, apenas privilégio com aqueles que, em sua visão, não merecem essa consideração.

Eles querem que Deus os tratem melhor do que os outros, pois acham isso justo e não vêem justiça na compaixão. Querem que Deus os cubram de graças por estarem praticando o que acreditam ser obrigação, e aos que não as cumprem, que Deus cubra de desgraças. São as posturas dos "fariseus" de todas as épocas, presentes no seio de todas as sociedades e que grandes dificuldades causam à marcha do progresso da Humanidade.

Fundamental que todos nós tomemos consciência das máscaras que costumamos usar, para nos libertarmos delas, e possamos entrar na Casa, vivermos em comunhão com Deus, como um filho dileto que tem interesses em comum com o Pai e se alegra e regozija com todas as suas ações.

Façamos um resumo dos arquétipos[9] psicológicos contidos nessa parábola riquíssima em conteúdos psíquicos, que traz em seu âmago, modelos que definem posturas do ser humano.

Arquétipo do Filho Pródigo – representa todos os seres humanos que utilizam o livre-arbítrio na prática do desamor, produzindo o mal para si mesmos e para os outros, na busca dos prazeres egóicos, desperdiçando os recursos que recebem de Deus para evoluir, tendo como conseqüência a carência e sofrimento.

Arquétipo do Filho Arrependido – representa os seres que, após sofrerem as conseqüências na escolha da prática do desamor, tomam consciência do mal que praticaram optando pelo desamor, se arrependem e resolvem retornar à Casa do Pai, ao amor do qual se distanciaram, e à comunhão com o Amor Cósmico (Deus).

Arquétipo do Filho Aparentemente dedicado – representa os seres que tentam esconder o desamor que trazem em si, desenvolvendo o pseudo-amor, no qual buscam apa-

---

[9] *Arquétipo* – modelo psicológico, tipo, paradigma

rentar uma dedicação que de fato não possuem. Tentam, com isso, enganar aos outros e até Deus – como se isso fosse possível –, com essa falsa dedicação, mas em realidade, apenas enganam a si mesmos, pois apesar do pseudo-amor *parecer* o amor, não o é, fazendo com que adiem a comunhão com o amor verdadeiro.

No próximo capítulo estudaremos os movimentos egóicos evidentes e mascarados que dificultam o trabalho na seara espírita, pois minam os esforços dos trabalhadores do bem, no seu processo de qualificação, humanização e espiritização.

QUESTÕES PARA REFLEXÃO:

1 – *Quais são as posturas psicológicas que observamos na Parábola dos Dois Irmãos?*
2 – *Que lições podemos tirar da postura do Filho Pródigo em sua primeira fase?* Meu uso livre arbítrio
3 – *Que lições podemos tirar da postura do Filho Pródigo em sua segunda fase?* Arre pendimento Humildade
4 – *Que lições podemos tirar da postura do filho mais velho?*
5 – *Que conclusões podemos tirar em relação à postura do pai com os seus dois filhos?* Amor incondicional
6 – *Que aplicações podemos fazer dessa parábola em nossa vida e em nossas atividades no movimento espírita?*

EXERCÍCIO VIVENCIAL:
O APRENDIZ ENCONTRA A SUA ESSÊNCIA

1. *Coloque uma música suave e relaxante, feche os olhos e busque relaxar todo o seu corpo, da cabeça aos pés. Para facilitar o relaxamento você pode contrair e*

relaxar a musculatura da face e dos membros superiores por três vezes.

2. Agora reflita sobre a sua vida como um todo. Em que situações você tem atitudes semelhantes às do Filho Pródigo, que utiliza o seu livre-arbítrio em práticas que lhe geram sofrimento?

3. Agora pense nas atitudes que você tem semelhantes à postura do irmão mais velho, mascarando as suas negatividades.

4. Agora reflita sobre as atitudes nas quais você age como o Filho Pródigo arrependido? Qual é o seu nível de arrependimento? Que atitudes você tem para reparar as suas faltas? O que você pode realizar para estimular em si mesmo(a) essa postura proativa de arrependimento e reparação das faltas, perante a sua própria consciência.

5. Agora imagine-se em uma situação semelhante a do Filho Pródigo arrependido, diante do pai amoroso, recebendo-o(a) de braços abertos, com muito amor e compaixão. Como você recebe esse amor e compaixão?

6. Agora pergunte-se como será a sua vida a partir do momento em que você, definitivamente, tomar a decisão de parar de utilizar o seu livre-arbítrio deliberadamente para atitudes que podem gerar prazer num primeiro momento, mas que lhe produzem sofrimento logo após?

7. Faça a mesma questão com relação às máscaras que você utiliza.

8. Anote as suas respostas.

CAPÍTULO 3

... E CONHECEREIS A VERDADE, E A VERDADE VOS LIBERTARÁ

*N*ESTE CAPÍTULO ESTAREMOS ABORDANDO algumas questões que nos defrontamos no movimento espírita, nas quais os tarefeiros, devido a interpretações equivocadas, acabam saindo da condição de aprendizes, vista no Capítulo 1, por se comportarem de forma egóica evidente, ou mascarada, como os irmãos estudados no capítulo anterior.

Como vimos anteriormente, para que a verdade nos liberte é necessário que meditemos profundamente sobre ela. As deturpações das verdades exaradas pela Doutrina Espírita acontecem no movimento espírita porque, muitas vezes, analisamo-las de maneira superficial e tentamos praticá-las sem a devida meditação.

Essa atitude acaba por trazer profundas distorções ao movimento, especialmente posturas típicas do *irmão mais velho* analisadas no capítulo anterior, tão comuns nas religiões cristãs tradicionais e que são reproduzidas no movimento espírita, fazendo com que os trabalhadores se distanciem da verdade que liberta.

É muito importante que analisemos esses comportamentos despidos de todas as máscaras, por mais doloroso que seja o reconhecimento das feridas que estão ocultas por trás delas. Somente o conhecimento da verdade nos libertará, por mais dolorosa que seja essa verdade.

É fundamental, portanto, que dirigentes e trabalhadores espíritas busquem meditar profundamente nas verdades contidas na Doutrina Espírita, especialmente sob a luz dos ensinamentos de Jesus e dos textos das obras básicas kardequianas, cuja proposta principal é reviver o Cristianismo, puro e cristalino como Jesus nos legou, sem as deturpações que foram inseridas nele ao longo do tempo.

Nas religiões cristãs tradicionais costuma-se preconizar que todo cristão deve ser "temente" a Deus. Nessas religiões a causa do temor é bem explicitada, pois existem os dogmas do inferno eterno, onde serão lançados os maus, o diabo tentador, um céu de beatitude eterna somente para os que são bons e, principalmente, um Deus parcial que pune uns e privilegia outros, agraciando-os com benesses, desde que eles se comportem dentro de determinados parâmetros. Por isso preconiza-se que é importante cumprir, forçosamente, todos os mandamentos, porque senão haverá represálias para o insurgente.

Aprendemos na Doutrina Espírita, o Cristianismo redivivo, a concepção ensinada verdadeiramente por Jesus: que Deus é amor; é o Pai que está nos céus e não bane nenhum dos seus filhos; que não existem espíritos eternamente voltados para o mal; que não há privilégios ou graças, pois Deus trata a todos igualmente, dando-nos as mesmas oportunidades para evoluirmos, e que as diferenças aparentes são resultado do bom ou do mau uso do livre-arbítrio de cada criatura, em cumprimento à Lei de Causa e Efeito.

No entanto, observamos no movimento espírita uma repetição das práticas religiosas cristãs deturpadas, não dessa forma explícita, pois mudamos os nomes das coisas e acreditamos que estamos corretos em nossa forma de pensar, que estamos revivendo os ensinamentos de Jesus. As pessoas que assim agem acreditam, talvez ingenuamente, que esse é o único caminho. Têm uma intenção positiva, por acreditarem que essa é a forma correta de agir, a intenção é boa, mas a direção que dão à sua ação é inadequada, resultando, ao final, numa incorreção.

Para que ajamos de forma correta é preciso que a intenção seja positiva, com uma direção adequada. Isso só acontecerá se meditarmos profundamente em nossas ações, antes de praticá-las.

Como exemplo notamos que predomina, ainda, no movimento espírita, as mesmas práticas colocadas acima, típicas das religiões tradicionais. O que mudou foi a forma de serem colocadas. O inferno foi trocado pelo umbral e pelas trevas; o diabo, pelos obsessores; o céu, pelas colônias espirituais como *Nosso Lar* e a graça divina, pela salvação oriunda na prática da caridade material. A única diferença é que sabemos que a pessoa não vai ficar eternamente no umbral ou nas trevas, e que os obsessores são espíritos como nós, e não seres eternamente voltados ao mal.

A seguir analisaremos várias dessas práticas que, por mais que sejam positivas nas intenções, são completamente inadequadas ao objetivo primordial do Espiritismo: reviver o Cristianismo em sua pureza.

Tais práticas no movimento espírita geram um distanciamento da própria Doutrina dos Espíritos e de sua finalidade maior.

3.1. FORA DA CARIDADE NÃO HÁ SALVAÇÃO

A OBRIGAÇÃO DE SE REALIZAR O TRABALHO DO BEM

MAIOR MÁXIMA DEFENDIDA pelo *Espiritismo* e, conseqüentemente, pelo movimento espírita é *"fora da caridade não há salvação".* Lamentavelmente devido às questões colocadas anteriormente, tem ocorrido uma deturpação dessa verdade inconteste, preconizada pela Doutrina Espírita. Analisemos profundamente o conceito ensinado por Allan Kardec em *O Evangelho Segundo o Espiritismo* para que, a partir da meditação na verdade do pensamento kardequiano, possamos nos libertar das práticas que não condizem com esse princípio.

No capítulo XV de *O Evangelho Segundo o Espiritismo,* Kardec cria o axioma: "Fora da caridade não há salvação". As religiões cristãs tradicionais em sua época – e ainda hoje –, em suas diferentes vertentes, diziam que "fora da igreja não há salvação", ou "fora da verdade não há salvação", ou seja, *daquela* igreja em particular e da "verdade" que *ela* pregava. Cada uma se colocava – e ainda se colocam, em pleno terceiro milênio – como o único caminho para se obter a verdade e a salvação, com exclusão de todas as outras.

É claro que esse pensamento é inadmissível e Kardec o combateu veementemente, criando a máxima já exarada, revendo completamente o conceito de salvação, até então preconizado.

À essa época a salvação do inferno eterno era conseguida através da prática dos sacramentos, desta ou daquela igreja em particular, que detinham, segundo elas mesmas, o único caminho que conduzia a Deus.

Ao longo do tempo – como ainda hoje se percebe – criou-se um mecanismo psicológico de acomodação às práticas exteriores, pois bastaria estar no seio daquela religião em particular, que preconizava estar com a verdade, e a salvação viria automaticamente de forma cômoda, sem necessidade de esforço de renovação interior por parte do fiel. Algumas chegavam ao absurdo de venderem, de forma explícita ou implícita, a salvação. Bastaria fazer doações à igreja, mesmo postumamente, ou pagar o dízimo regularmente, que se estaria salvo.

Acostumou-se, em decorrência disso, a uma salvação fácil que aconteceria de fora para dentro. Era só fazer doações, antes ou depois da morte, para a igreja, cumprir determinados rituais, aceitar Jesus como salvador, ler a Bíblia, etc., que a pessoa já estaria salva.

Para essas religiões a salvação é uma recompensa que receberemos de Deus após a nossa morte, por termos cumprido todos os preceitos daquela religião em particular. Se seguirmos esses preceitos, a nossa alma será salva do fogo do inferno, e iremos para um céu de beatitude eterna.

Quando Kardec coloca a **caridade** como critério de salvação, e não o Espiritismo, ele está nos chamando a atenção para o fato de a salvação acontecer no *interior* da criatura, e não com práticas exteriores, e que todos têm acesso a ela, pois independe de qualquer tipo de crença.

Aliás, essa é a concepção verdadeira de salvação, conforme a entendia Jesus e que Allan Kardec apenas revive. Por todo o Evangelho vemos Jesus sempre dizendo às pessoas que Ele atendia em alguma necessidade: *"A tua fé te salvou"*. Jamais Ele disse: *"Eu te salvei"*, ou mesmo, *"Deus te salvou"*, mas *a tua fé*, chamando atenção da criatura para o fato da salvação depender *dela* e não d*Ele* ou de Deus. E que a condição para alcançá-la é a fé. Vamos analisar o que é fé. A palavra fé vem do latim *fides*, a mesma que originou fidelidade. Ter fé, portanto, é ter fidelidade à própria auto-renovação pelo amor, determinando a confiança na própria capacidade de autotransformação. São todos recursos que estão latentes no interior da criatura, necessitando apenas ser exercitados, fato que somente vai acontecer com práticas interiores, não exteriores.

A salvação, portanto, dentro da concepção espírita-cristã, é a iluminação do Espírito até a sua completa purificação. Não é algo que acontece após a morte do corpo físico, como muitos pensam, mas um processo contínuo que ocorre no corpo ou fora dele, pois diz respeito ao Espírito que somos em processo de purificação e desenvolvimento das virtudes essenciais, as qualidades do coração, fazendo surgir o nosso Cristo Interno, até nos tornarmos puros Espíritos.

Analisemos um trecho de *O Evangelho segundo o Espiritismo* em que Kardec diz isso textualmente:

(...) É que a caridade está ao alcance de toda gente: do ignorante, como do sábio, do rico, como do pobre, e independe de qualquer crença particular.

Faz mais: define a verdadeira caridade, mostra-a não só na beneficência, como também no conjunto de todas as qualidades do coração, na bondade e na benevolência para com o próximo.[10]

---

[10] *O Evangelho Segundo o Espiritismo*, Allan Kardec, Capítulo XV, item 7

A salvação é o movimento que vimos acontecer com o Filho Pródigo, após o despertar de sua consciência para os equívocos que estava praticando. Ocorre no interior de cada um de nós, representando o momento em que retornamos à Casa do Pai, para a comunhão plena e verdadeira com o Essencial em nós mesmos e com Deus e, a partir daí, numa ação contínua até a purificação completa de nós mesmos, tornando-nos Espíritos Crísticos.

Jamais acontecerá através de práticas exteriores, como bem vimos com a postura do irmão mais velho, estudada anteriormente.

E o que acontece, hoje em dia, no movimento espírita com relação a esse preceito tão importante?

Praticamente um retorno às práticas das igrejas cristãs tradicionais, de uma forma diferente, é claro, mas que traz o mesmo resultado psicológico de acomodação a uma salvação oriunda de práticas exteriores. Apenas sofisticamos essas práticas colocando-lhes a roupagem da caridade.

Em nosso movimento temos confundido caridade com beneficência, a caridade material, na qual praticamos filantropia, que é apenas um dos aspectos da caridade – com certeza o menor deles –, pois tenderá a desaparecer com o tempo, com o progresso moral e econômico do planeta, pois chegará um dia em que não haverá mais miseráveis economicamente, necessitando ser socorridos por aqueles que detêm um pouco mais. Aliás, isso já acontece em alguns países europeus, como a Suíça, Dinamarca, Noruega, dentre outros, onde não existem mais miseráveis, apesar de ainda existirem muitos necessitados de amor.

Com certeza, num planeta de regeneração, estágio para o qual a Terra estará sendo promovida, não existe mais necessidade desse tipo de caridade, enquanto a caridade moral, o desenvolvimento das qualidades do coração, como diz Kardec, é infinita e sempre será necessária em todos os mundos.

Vemos muitos dirigentes e trabalhadores das Casas Espíritas bem intencionados, mas mal direcionados, incorrerem nesse erro praticado pelas demais religiões cristãs, porque não meditaram profundamente no conceito colocado por Kardec. Os neófitos que buscam as Casas Espíritas trazendo dificuldades de todo jaez, tais como: processos obsessivos, dificuldade de relacionamento com cônjuges e outros familiares, problemas emocionais diversos, etc., são orientados por muitos dirigentes e trabalhadores, especialmente no atendimento fraterno – felizmente já com muitas exceções –, a praticar a caridade para se libertarem dessas dificuldades.

A orientação estaria perfeitamente correta se fosse explicada a visão espírita da caridade, que a caridade é buscar o bem em si mesmo, desenvolvendo as qualidades do coração, para poder praticá-la com o próximo, de modo a se renovar interiormente pela prática do bem.

Como diz Kardec, desenvolver "o conjunto de todas as qualidades do coração", e que essas qualidades se desenvolvem com o tempo, com muito exercício e esforço na prática do bem, que começa consigo mesmo.

Mas, como se confunde caridade com beneficência, encaminha-se a pessoa, depois dos primeiros atendimentos, para o serviço assistencial da Casa Espírita para que possam praticar a "caridade".

Coloca-se que, se essa pessoa fizer "caridade", realizando as atividades para as quais for designada, o processo obsessivo vai cessar, os problemas de relacionamento vão terminar, os problemas emocionais vão desaparecer, enfim as dificuldades vão passar.

Entende o neófito, então, que basta realizar as atividades assistenciais para que as suas necessidades sejam resolvidas. Ele se sente na obrigação de angariar cestas básicas, dar sopa, cuidar de doentes, enfim, a prática assistencial para a qual foi designado, com o intuito de se livrar dos problemas.

Como não acontecem mudanças interiores, simplesmente realizando tarefas de benemerência, é claro que os problemas continuarão, pois não é simplesmente fazendo filantropia que eles desaparecerão, como é natural. Por isso muitos desistem das tarefas, pois não estão amadurecidos para elas, quando percebem que os seus problemas continuam.

Outros continuam realizando-as com medo de que, caso parem, os problemas piorem. Fazem o trabalho por obrigação e temor, não por amor.

É o mesmo medo antigo de sempre, somente mudando de nome: o inferno para as trevas e umbral; o diabo pelos obsessores; a atividade assistencial para que haja a salvação desses males. Repete-se de uma forma mais sofisticada, em nome da caridade, os mesmos equívocos das religiões tradicionais.

Não é nosso propósito questionar a validade e a necessidade de se praticar a beneficência. Sabemos das imensas carências materiais em que vive a população do nosso país e de muitos outros países, em nosso planeta de expiações e provas. O que questionamos é a maneira como temos realizado essas atividades nas Casas Espíritas.

Criamos várias atividades sociais e, é claro, precisamos de voluntários para que as tarefas sejam realizadas e aí, encaminhamos os neófitos para que pratiquem a caridade, sem ter caridade para com eles próprios, pois começarão as tarefas de uma maneira equivocada, por obrigação, até mesmo como uma forma de "pagar" os benefícios que receberam na Casa Espírita, durante o seu processo de maior necessidade, e não por amor ao bem.

Os dirigentes de Casa Espírita que têm essa postura, dizem que os tarefeiros começam a fazer as tarefas por obrigação e depois aprendem a gostar. Mas será que é isso mesmo o que acontece? Na prática não percebemos isso ocorrer. Vários deixam as atividades frustrados, pois não obtiveram a melhora que foi prometida. Muitos, inclusive, deixam de professar o Espiritismo e buscam outras religiões.

Decepcionam-se, não com os espíritas que fazem o movimento espírita dessa maneira, mas com o Espiritismo, fato muito grave, pois demorarão a retornar ao seio da Doutrina, se é que o farão ainda na atual existência.

Outros continuam em atividade com a mesma frustração, sentindo até raiva do trabalho que têm obrigação de realizar. Como os trabalhadores são em número reduzido, ocorre uma sobrecarga de trabalho para aqueles que se dispõem a servir e que, em virtude disso, se esfalfam em múltiplas atividades, gerando cansaço e esgotamento.

Tornam-se, por isso, cansados e oprimidos ao realizar o trabalho do bem. Ora, se o trabalho do bem está gerando opressão, alguma coisa está profundamente errada. Como vimos no Capítulo 1, o trabalho do bem, dentro da proposta de Jesus, só deve gerar suavidade e leveza.

Por isso, é fundamental revermos com urgência essas práticas profundamente desumanizantes que temos levado avante no movimento espírita, fazendo um trabalho inicial de *qualificação* dos trabalhadores para as tarefas a serem realizadas, mas principalmente, trabalhar a *humanização* do trabalho, a fim de esclarecê-los sobre o que é realmente caridade, e de que maneira eles estarão se libertando dos seus problemas.

É essencial orientá-los que a prática do bem – a beneficência – é um recurso muito importante para a reforma interior de qualquer criatura, mas que essa prática não nos livra dos nossos próprios problemas e não devemos esperar que Deus nos livre deles, por estarmos realizando o trabalho, pois seria uma barganha inconcebível e que não está em conformidade com as Leis Divinas. Essa é a postura do irmão mais velho na Parábola dos Dois Irmãos: fazer o bem querendo recompensas e privilégios.

É importante explicar que, ao praticar a beneficência em nome da caridade, estamos desenvolvendo a solidariedade que Kardec nos orienta, fundamental para a prática da humildade e mansidão, que estarão gerando o nosso aperfeiçoamento interior e, conseqüentemente, uma vida mais leve e suave, conforme orientações de Jesus, analisadas no Capítulo 1.

A beneficência, enfim, não é apenas um bem que fazemos aos outros que terão uma necessidade atendida. Ela começa no interior do trabalhador do bem, no amor em fazer o bem que realiza, produzindo, com isso, a sua transformação interior para melhor, e é essa transformação que fará com que os seus problemas sejam minimizados, pois estará desenvolvendo verdadeiramente, as qualidades do coração. Produz-se, assim, a renovação interior pela prática do bem.

É esse aperfeiçoamento interior das qualidades do coração, como recomendam Jesus e Kardec, que estará nos salvando dos males que nós mesmos criamos. É essa a verdadeira caridade que salva.

Fazendo isso humanizaremos as atividades assistenciais de nossas Casas Espíritas, realizando nelas a verdadeira caridade preconizada por Kardec, pois estaremos sendo aprendizes de Jesus, todos desenvolvendo as qualidades do coração.

Cumprem-se, assim, as palavras de Jesus anotadas por Lucas, Capítulo 17, vv. 20 e 21:

E, interrogado pelos fariseus sobre quando havia de vir o Reino de Deus, respondeu-lhes e disse: O Reino de Deus não vem com aparência exterior.

Nem dirão: Ei-lo aqui! Ou: Ei-lo ali! Porque eis que o Reino de Deus está dentro de vós.

Muito importante que todos desenvolvamos esses princípios, tanto os iniciantes, quanto aqueles outros que já estão realizando o trabalho do bem há mais tempo, buscando o reino de Deus a partir do auto-encontro, desenvolvendo as qualidades essenciais do coração em cada um.

* * * * * * * * * * *

A seguir analisaremos um outro processo, ainda mais sofisticado psicologicamente do que o anterior, e que também deturpa o princípio "Fora da Caridade não há salvação", que é a ansiedade de consciência que muitas pessoas têm em relação aos problemas sociais e buscam sanar essa ansiedade nas atividades das Casas Espíritas, especialmente as assistenciais.

Muitas pessoas se sentem culpadas pela miséria social e econômica que impera em grande parte da população de nosso país e do mundo, e se impõem uma ação para tentar, de alguma forma, minimizar essa miséria.

Essa atitude é altamente meritória em sua intenção, mas como é mal direcionada devido à forma como é realizada – pois também produz o trabalho por obrigação –, gera grandes distorções no movimento espírita, conforme estaremos analisando a seguir. Aliás, é ela a causa da deturpação do lema "Fora da caridade..." junto aos neófitos, que analisamos anteriormente.

Inicialmente vamos estabelecer o que é realizar um trabalho por obrigação e como é desenvolvê-lo a partir daquilo que denominamos **dever consciencial**.

O trabalho por obrigação é aquele realizado dentro da postura do irmão mais velho da parábola que estudamos no capítulo anterior. Vamos recordar o trecho da parábola em que Jesus aborda essa questão:

Mas, respondendo ele, disse ao pai: Eis que te sirvo há

tantos anos, sem nunca transgredir o teu mandamento, e nunca me deste um cabrito para alegrar-me com os meus amigos.

Vimos que o filho mais velho coloca-se como um servo do Pai, e não como filho, cujos interesses são comuns com o Pai. Vê-se nitidamente que ele estava com o Pai por obrigação como um servo, e não por escolha como um filho, consoante diz Jesus em João, 8:35:

"Ora, o servo não fica para sempre na casa; o filho fica para sempre."

Como ele se considera *servo* fica aguardando remuneração; os interesses dele são diversos dos do Pai, quer servir a dois senhores – a Deus e a si mesmo –, fato impossível de ser praticado como diz Jesus em Mateus, 6:24:

"Ninguém pode servir a dois senhores, porque ou há de odiar um e amar o outro ou se dedicará a um e desprezará o outro. Não podeis servir a Deus e a Mamom."

Portanto o trabalho por obrigação é assim, como o filho mais velho realiza junto ao Pai. Ele é um servo que *teme* o seu Senhor. Está ali para fazer tudo de conformidade com os "mandamentos".

E aqui surgem todas as questões analisadas anteriormente acerca dos reais motivos que levam a pessoa a servir ao Senhor, que são próprios das igrejas cristãs tradicionais, e não da Doutrina Espírita.

Analisemos agora o dever.

A palavra *dever* é sinônima de *obrigação* em português, mas tem um significado psicológico diferente, pois, enquanto a obrigação é fruto do pseudo-amor, é uma máscara do ego, o dever é fruto da consciência humana, é uma virtude de nossa essência divina, provém do amor de Deus, que, conforme está exarada na questão 621 de *O Livro dos Espíritos*, o colocou como uma lei escrita em nossa consciência. Por isso acrescentamos à palavra **dever** o adjetivo **consciencial**, para tornar explícita a diferença com relação à simples obrigação. Vejamos, agora, uma síntese do que é o **dever consciencial**. Analisemos um trecho de *O Evangelho Segundo o Espiritismo*:

O dever é a obrigação moral da criatura para consigo mesma, primeiro, e, em seguida, para com os outros. O dever é a lei da vida. Com ele deparamos nas mais ínfimas particularidades, como nos atos mais elevados. Quero aqui falar apenas do dever moral e não do dever que as profissões impõem.

Na ordem dos sentimentos, o dever é muito difícil de cumprir-se, por se achar em antagonismo com as atrações do interesse e do coração. Não têm testemunhas as suas vitórias e não estão sujeitas à repressão suas derrotas. O dever íntimo do homem fica entregue ao seu livre-arbítrio. O aguilhão da consciência, guardião da probidade interior, o adverte e sustenta; mas, muitas vezes, mostra-se impotente diante dos sofismas da paixão. Fielmente observado, o dever do coração eleva o homem; como determiná-lo, porém, com exatidão? Onde começa ele? Onde termina? O dever principia, para cada um de vós, exatamente no ponto em que ameaçais a felicidade ou a tranqüilidade do vosso próximo; acaba no limite que não desejais ninguém transponha com relação a vós.(...)[11] (grifos nossos)

---

[11] *O Evangelho Segundo o Espiritismo*, Allan Kardec, Capítulo XVII, item 7

Segundo Lázaro, o dever é *"uma obrigação moral da criatura para consigo mesma, primeiro"* que tem como origem o *"aguilhão da consciência, guardião da probidade interior"*. Por isso acreditamos que os termos *dever consciencial* definem bem esse movimento essencial à evolução do ser humano, diferentemente da simples obrigação.

O *dever consciencial,* portanto, começa no interior da criatura e diz respeito a sua própria consciência para, a partir daí, gerar ações que repercutem em outras pessoas.

Os seres humanos, como vemos na *Figura 4*, com relação à questão da consciência, podem estar em três posições distintas: duas egóicas, desequilibradas, extremistas e uma essencial, equilibrada. Num extremo temos a inconsciência, que propicia a indiferença e a crueldade, em outro, a ansiedade de consciência, gerada pela culpa, e no meio termo a autoconsciência, geradora do **dever consciencial**.

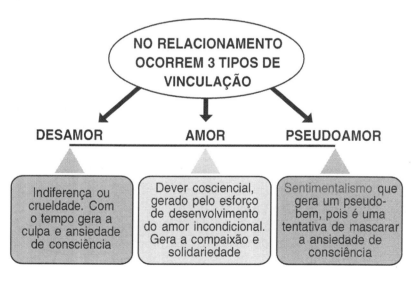

Fig. 4 – Formas de vinculação interpessoal

Analisemos, agora, onde se origina essa ansiedade de consciência geradora da obrigação de realizar o trabalho do bem.

Em nosso processo evolutivo, muitas vezes assumimos posturas egoísticas e egocêntricas, semelhantes às do Filho Pródigo, em sua primeira fase. Durante largo período estagiamos no cultivo das questões egóicas, devido à nossa ignorância, tanto a do não-saber, quanto à do não-sentir. Esta fase de nosso desenvolvimento espiritual é caracterizada por uma relativa inconsciência, pois, deliberadamente embotamos a consciência, fazendo com que o egoísmo determine as nossas relações com o próximo.

Nesta fase a vinculação com outras pessoas será caracterizada pelo desamor, produzindo em nós a indiferença ou a crueldade, em relação aos outros.

Muitas vezes, em conexão com o desamor, cultivamos de forma extrema o egoísmo e o egocentrismo, obtendo como resultado a crueldade, gerando na relação com os outros a violência, o desrespeito, maus-tratos, agressividade, ressentimentos, vingança, ódio, etc. Nesse movimento, de cunho reativo, há uma busca deliberada de prejudicar a pessoa com a qual estamos nos relacionando.

Outras vezes estagiamos na indiferença em relação ao nosso próximo, num movimento de passividade. Nesse movimento não nos importarmos com o que possa acontecer com as outras pessoas. O que importa para o indivíduo que atua assim é o seu bem-estar e atender às suas necessidades, mesmo que seja em detrimento do bem-estar, ou do atendimento das necessidades dos outros.

Em realidade esse movimento egoístico e egocêntrico produz um falso bem-estar, porque ninguém pode, verdadeiramente, estar bem sendo indiferente ao bem-estar dos outros ou gerando-lhes mal-estar. Mesmo assim estagiamos, por vezes durante várias encarnações, vivenciando o puro egoísmo.

Todos nós, mais ou menos intensamente, já estagiamos durante séculos vivenciando essa postura. Após longo período tendo essa atitude de indiferença ou crueldade para com o próximo, muitos de nós entramos num processo de remorso por termos agido assim. Vivenciamos profundamente o processo da culpa, que vamos analisar posteriormente.

Ao reencarnarmos trazemos em nós, em virtude disso, de forma inconsciente, uma *ansiedade de consciência*, que faz com que a pessoa se sinta responsável pela miséria que acontece com o outro. Esse fato irá levar o indivíduo a sair do extremo do desamor para ir para outro, o do pseudo-amor. Ele troca a indiferença, pelo sentimentalismo, em virtude de sua ansiedade de consciência.

A ansiedade de consciência gera em nós uma pseudo-consciência, que nos leva à obrigação de ajudar o próximo, fato que causa grandes distorções na prática do alo-amor, pois a criatura estará, na verdade, conectada com o pseudo-amor.

Na conexão com o pseudo-amor – a máscara do ego –, a pessoa tem uma postura sentimentalista diante das necessidades do próximo.

Esse movimento é caracterizado pelo sentimento de dó ou pena deste, que é visto como um coitado, fato que a leva a querer resolver o problema do outro.

O que a motiva é um sentimento de culpa, uma ansiedade de consciência, gerados pelas várias reencarnações nas quais estagiou na crueldade e na indiferença.

Após terem vivido múltiplas existências cultivando o desamor, saem desse extremo e vão para o pólo oposto do pseudo-amor, que é muito mais fácil de ser cultivado do que o amor verdadeiro.

Pessoas assim sentem-se inquietas, culpadas por problemas sociais e por dificuldades que acontecem a outrem e julgam-se na obrigação de resolver esses problemas.

Afinal, dizem para si mesmas: "*Fora da caridade não há salvação,* por isso tenho que praticá-la para poder me libertar". Assumem, assim, uma posição de mártir fazendo o papel do bom/boa moço(a). Estão sempre dispostas a "*sacrificar-se*" para "*ajudar*" os outros, mesmo que para isso tenham que passar por cima de suas necessidades. Não são capazes de dizer não. Dizem sim para tudo e para todos. Estão quase sempre envolvidas por uma ou mais "*vítimas*" para serem socorridas, atendidas por elas. Quem observa apenas a aparência, acha que elas são pessoas carismáticas, muito boas, sempre dispostas a ajudar os outros. Mas, analisando a situação sem máscaras, percebe-se que os *mártires* são "bonzinhos", o que é muito diferente de ser bom.

Ser bom é buscar se aceitar como se é, com defeitos e qualidades, e buscar gradativamente transformar os defeitos, desenvolvendo e aprimorando as qualidades. Ser "bonzinho" é o movimento da pessoa buscar compensar os sentimentos negativos que detém, especialmente a culpa social, e, por se sentir inferior aos demais devido a esses sentimentos, procurar disfarçá-los, consciente ou inconscientemente, fazendo tudo para os outros, para com isso ser aceita e querida, para que tenha aliviada a própria consciência. Não há um movimento de auto-aceitação, apenas de anestesiamento da ansiedade de consciência.

Essas pessoas, por não aceitarem os seus conflitos, fogem de si mesmas, obrigando-se a praticar ações em favor do próximo, acreditando que estão fazendo a caridade e liberando-se da consciência de culpa.

Por maior que seja a sua intenção positiva, esse movimento é uma atitude equivocada que resulta num servilismo e que, por isso mesmo, não gera um sentimento de plenificação pelo bem que se faz.

Jamais conseguiremos nos sentir bem pelo bem que fazemos, motivados pelo sentimento de culpa e obrigação egóica.

Essa prática, por ser um instrumento de fuga das negatividades do ego, gera muitos conflitos em quem a pratica, pois as pessoas não se alimentam com o bem que fazem. Para atuar, muitas vezes elas passam por cima de suas necessidades básicas, buscando esquecer, ou anestesiar, a própria consciência pelo "bem" que estão fazendo.

Com o passar do tempo tal prática resultará em maiores conflitos que acabam por aturdi-la, levando-a, muitas vezes, a desistir de praticar o bem, por não encontrar ressonância nos seus anseios.

Outras vezes continuam na prática da filantropia com amargura, colocando-se como incompreendidas em seus ideais.

Essa prática não é muito fácil de ser detectada, devido aos mecanismos inconscientes que a originam, mas é muito mais comum do que se imagina, especialmente no movimento espírita atual.

Essas pessoas fazem isso para, num sentido muito profundo – que muitas vezes nem elas mesmas se dão conta –, barganharem com Deus a absolvição dos males praticados no passado. Ainda pensam que a salvação vem de fora para dentro, de Deus para nós e não desenvolvida em nosso interior.

Façamos um parêntese para estudar essa questão um pouco mais detidamente.

Psicologicamente esse mecanismo funciona da seguinte forma: a pessoa realiza atividades no bem, na esperança de que Deus a liberte das suas dificuldades, como se a libertação dependesse dEle, e não de nós mesmos.

Muitas vezes, depois de muitos anos de atividades de benemerência, acontece alguma dificuldade, como uma provação necessária ao aprendizado e a pessoa diz assim: *"mas eu fiz tanto bem na minha vida e ainda acontece isso comigo".*

Nessas ocasiões pode até entrar em processo de blasfêmia, dizendo que *"Deus não é justo, porque tem tantas pessoas fazendo o mal e se dando bem, e aqueles que estão fazendo o bem, ainda sofrem"*. Torna-se explícito, neste momento, o movimento da busca de recompensas e privilégios, como analisamos quando estudamos o irmão mais velho na Parábola dos Dois Irmãos.

É importante lembrar que Deus é equânime e trata todos os Seus filhos da mesma maneira, sem privilégios de qualquer espécie, tanto para os que praticam o bem, quanto para os que praticam o mal. Todos são tratados da mesma forma, com muito amor, e estão submetidos à mesma lei, a Lei do Amor.

Onisciente que é, Deus sabe que todo mal é transitório, e que aqueles que o estão produzindo vão se arrepender e voltar à prática do amor, cedo ou tarde, após sofrerem as conseqüências de terem praticado o mal, como vimos acontecer com o Filho Pródigo na parábola estudada e, por isso, permite que eles utilizem o seu livre-arbítrio dessa maneira.

Quando observamos as coisas superficialmente, acreditamos que os que praticam o mal, sendo cruéis, ou que simplesmente não fazem o bem, sendo indiferentes e não recebem uma punição imediata, estão sendo privilegiados por Deus. E isso é um grande engano. Os que agem assim estão na fase do plantio dos espinheiros. Usam o seu livre-arbítrio dessa forma, mas irão colher aquilo que plantaram, mais cedo ou mais tarde. E isso não se constitui uma punição – como vimos no estudo da Parábola dos Dois Irmãos –, mas o processo de reeducação pela dor e pelo sofrimento, que assumimos quando nos afastamos do amor. Aqueles que já despertaram para a prática do bem, mas que ainda passam pela dor, é porque estão colhendo os espinhos plantados outrora.

Portanto, a prática do bem não funciona para que Deus nos ame mais e nos cubra de graças e ame menos aos outros, cobrindo-os de desgraças, pois isso seria incompatível com a magnanimidade divina, mas para que nos reabilitemos perante a nossa própria consciência.

Fazendo isso não teremos privilégios, mas entraremos numa sintonia maior com o Amor Divino, pois, da parte de Deus para com as Suas criaturas o amor flui sem cessar, equanimente, mas por parte da criatura, a absorção desse amor vai variar de acordo com o amor que ela estiver, verdadeiramente, desenvolvendo em si mesma.

É isso que vai diferenciar aqueles que estão no caminho do amor, daqueles que estão no do desamor. Para Deus não há diferença, mas para a criatura sim, pois estará em comunhão, ou não, com Deus, como estudamos na Parábola dos Dois Irmãos.

Por isso, quando buscamos recompensas e privilégios divinos num nível profundo, entramos na faixa do pseudo-amor e não estaremos recebendo o amor que flui de Deus para nós e, em virtude disso, entraremos em amargura por não sentir o bem que fazemos aos outros, dentro de nós mesmos.

A pratica do bem somente fará bem ao trabalhador, quando praticada com amor verdadeiro, sem aguardar recompensas e privilégios, pois, como estudamos na Parábola dos Dois Irmãos, já recebemos tudo o que nos é necessário para a nossa reabilitação e Deus sempre nos receberá de "braços abertos", quando sinceramente arrependidos, como Jesus aborda simbolicamente na parábola. Cabe a nós apenas trabalhar para reabilitar a nossa consciência para sentirmos plenamente o Amor Divino e gozar da felicidade que nos é destinada, como fez o Filho Pródigo arrependido.

Vários questionamentos devem estar vindo à sua mente, caro leitor:

— *Qual, então, é a maneira correta de proceder em relação ao nosso próximo?*

— Se estagiamos muito tempo na indiferença e na crueldade, qual a forma mais acertada de agir, transmutando a culpa e atuando com o amor verdadeiro, e não com o pseudo-amor?

Na primeira etapa a pessoa que está buscando verdadeiramente a transformação, e não um mascaramento dos seus sentimentos, deverá tomar consciência plena de si mesma, das suas tendências à indiferença ou à crueldade, bem como ao sentimentalismo para, a partir de um trabalho de auto-aceitação, aliviar a ansiedade de consciência.

É fundamental realizar reflexões para perceber em si, movimentos semelhantes aos dos irmãos, vistos no capítulo anterior. Muito importante fazer exercícios nesse sentido, como os colocados no final daquele mesmo capítulo.

A realização dessas reflexões sobre si vai proporcionar à pessoa o desenvolvimento do *dever consciencial* que, ao contrário da culpa geradora da obrigação de realizar ações de benemerência para anestesiar a ansiedade de consciência, leva a pessoa a exercitar, primeiramente, o amor a si mesma, aceitando-se como é, com suas qualidades e também com os seus defeitos, tomando consciência, como fez o Filho Pródigo, de que há muitos erros do seu passado a serem corrigidos, mas que ela traz ínsito em si mesma, todo o potencial para transformá-los pelo trabalho e esforço no bem, e que isso acontece ao longo do tempo.

É esse o dever moral para consigo mesma a que se reporta Lázaro em *O Evangelho Segundo o Espiritismo*, que faz com que a pessoa se levante para poder se tornar uma trabalhadora do bem.

Esse movimento de amor por si mesma faz com que ela tenha o que dar, se encha de amor e possa exercitar o amor ao próximo, pois é o movimento, por excelência, para que ocorra a conscientização do quanto é bom praticar a solidariedade para com as dificuldades alheias, transmutando, assim, a tendência que muitos de nós ainda traz de sermos indiferentes para com outras pessoas, devido à acomodação.

É dessa maneira que transmutaremos, gradativamente, as nossas ações malévolas do passado, com esforço e dedicação no bem, realizados com consciência, que é o único caminho que traz paz para a consciência, pois estaremos cumprindo o nosso *dever consciencial*.

O exercício do *dever consciencial*, portanto, nos impulsiona à busca do bem, do bom e do belo por escolha, e não por obrigação. O seu exercício está condicionado ao livre-arbítrio. Podemos, em virtude dele, passar por cima de nossa consciência, embotando-a ou mascarando-a, mas somente pela autoconscientização é que estaremos transmutando as paixões do egoísmo, egocentrismo, orgulho, dentre outras, para realizar o que a nossa consciência determina, libertando-nos tanto da indiferença e crueldade, quanto da ansiedade de consciência.

Esta autoconsciência produz um relacionamento com o próximo, baseado no movimento essencial, direcionado pela nossa essência de amor.

Diante das necessidades do próximo, a pessoa tem uma atitude de solidariedade, empatia e compaixão, isto é, ela coloca-se no lugar do outro, vendo-o como um ser em evolução, assim como ela também o é, com as mesmas necessidades de amar, ser amado e conquistar a felicidade e a plenitude.

Ela faz o melhor que pode para ajudar o outro, sem querer resolver o problema dele, pois essa não é a sua função. Cada um de nós necessita se responsabilizar pela própria vida. Com certeza não gostaríamos que nos tratassem como coitados e incapazes de nos responsabilizar por nossas vidas.

Por isso, toda ajuda é muito valiosa, desde que essa

responsabilidade não seja suprimida. Com tal postura a pessoa simplesmente ajuda a outra a se ajudar. Ela age com responsabilidade diante do próximo, mantendo a sua individualidade e respeitando a individualidade dele, ajudando-o a desenvolver a responsabilidade por si mesmo.

O que a motiva é a consciência de si mesma, como Ser Essencial, dotada da capacidade de amar e servir, fato que a plenifica.

Somente esse movimento essencial pode gerar o verdadeiro amor ao próximo, que é permanente, pois se baseia na solidariedade e na compaixão.

As posturas egóicas são impermanentes, transitórias, gerando relacionamentos superficiais e patológicos porque são originadas no desamor ou pseudo-amor.

Somente o amor vincula as pessoas realmente, umas às outras, através de laços indissolúveis, enquanto os laços do desamor e do pseudo-amor são transitórios, como todos os sentimentos que provêem do ego.

Em outras palavras, podemos afirmar que todas as pessoas que utilizam o estilo de vinculação através do ego, um dia despertarão para o verdadeiro vínculo que pode se dar, apenas, com a energia do amor. Isso vai nos possibilitar sentir que, em essência, estamos todos ligados pelos laços do amor, laços que transcendem a dimensão transitória do desamor e do pseudo-amor.

Resumindo, diante de nosso próximo podemos agir de duas formas extremistas egóicas, e uma essencial, equilibrada.

Num dos pólos egóicos de forma inconsciente, através da crueldade e indiferença, no outro de forma pseudoconsciente, por consciência de culpa, geradora do sentimentalismo.

O equilíbrio é o meio-termo entre os extremos, no qual agimos de forma autoconsciente, gerando o *dever consciencial*, a compaixão e a solidariedade.

Como todos estamos na condição de seres em evolução, mesmo na atual existência, ora estagiamos num pólo egóico, ora em outro e, muitas vezes, até em ambos simultânea, ou consecutivamente.

Fundamental, portanto, é que desenvolvamos cada vez mais em nós, o *dever consciencial*, para que possamos exercitar o amor ao próximo ensinado por Jesus, fazendo aos outros o que gostaríamos que nos fizessem.

Para ficar ainda mais claro, exemplifiquemos essas três atitudes diante de uma situação prática: uma pessoa que tem um trabalho assistencial realizado aos sábados à tarde.

Após o almoço sente uma vontade enorme de não ir ao trabalho, pois está fazendo muito calor e a sua vontade é dormir um pouco após o almoço, no conforto do seu quarto com ar condicionado, e depois ir ao clube para usufruir sua piscina.

Ela pensa: *"Está tão quente hoje, estou tão cansada da semana de trabalho, poderia faltar à tarefa hoje, descansar um pouco e depois ir ao clube. Só hoje não vai fazer diferença, seria tão bom, tão agradável".*

Se ela ceder ao convite do ego estará praticando a **indiferença e omissão** com relação à necessidade do próximo e ao dever assumido.

Muitas pessoas, após a atitude de ceder à primeira vez, terão muito mais facilidade nas próximas e logo estarão deixando a atividade. Elas começam dizendo que *"é só hoje e depois volto à tarefa"*, e logo surge uma outra ocasião, e mais outra, e outra... Com isso adiam a oportunidade de se reabilitarem na prática do bem.

Todos os que participam das atividades no movimento espírita há algum tempo, conhecem alguém com esse perfil.

Outras pessoas, após ceder ao convite do ego, sentem mais culpa e retornam à tarefa ainda mais conflitadas, e com o senso de obrigação ainda mais aguçado para tentar sanar a culpa.

Num outro movimento egóico – este mascarado – ela pode, ainda, se sentir culpada imediatamente por aqueles pensamentos e se obrigar a ir ao trabalho assistencial, pensando: *"Não posso faltar. Eu tenho que ir, é minha obrigação"*; *"Coitadas das crianças que eu atendo, vão ficar sem a tia para lhes contar as histórias e lhes dar o lanche"* ; *"Eu tenho que fazer caridade, senão vou ter problemas, vou ficar obsidiada"* ; *"Eu não posso deixar de ir, tenho que fazer caridade, senão vou sofrer muito no umbral após desencarnar"*. Enfim, estas e outras cogitações poderiam passar pela sua mente, nas quais se percebem a obrigação de cumprir os "mandamentos" e o temor, analisados anteriormente.

Essa atitude mascara a vontade da satisfação do ego devido à **ansiedade de consciência**. Ao se obrigar a ir ao trabalho, ela não estará transmutando a vontade egóica que permanece abafada. Essa vontade é simplesmente mascarada, gerando uma insatisfação inconsciente em relação ao trabalho.

Realizado nessa condição, o trabalho do bem não plenifica o trabalhador, pois mascara os seus desejos egóicos, que, com a repetição constante desse fenômeno, vai se tornando cada vez mais frustrado, tornando o trabalho no bem, uma fonte de cansaço e opressão. Muitos deixam o trabalho, às vezes, após anos de tarefa, completamente frustrados, pois não conseguiram o que queriam – privilégios e recompensas; outros permanecem, mas realizam a atividade com amargor e azedume.

A pessoa tem, contudo, a alternativa de agir conscientemente e praticar o **dever consciencial** e fazer a seguinte reflexão: *"Eu sei que está calor e a minha vontade é descansar e depois ir à piscina. Seria muito mais cômodo e até prazeroso para mim. Sei que posso utilizar o meu livre-arbítrio e fazer isso, mas sei que não é o comodismo que me propus, conscientemente, na atual existência. O que a minha consciência me* *diz, interiormente, é que o melhor a fazer é cumprir o meu dever de solidariedade, pois estarei melhorando a minha intimidade, transmutando a indiferença em relação ao sofrimento alheio que trago em mim, e, ao mesmo tempo, auxiliando as crianças a se melhorarem também. Ir à tarefa é a melhor escolha neste momento, apesar de não ser o mais cômodo".*

Esta atitude transmuta o movimento egóico, ampliando o nível de **consciência essencial**. É a verdadeira caridade, pois é fruto da consciência de si e não da pseudoconsciência. Consciência que estará transformando a pessoa interiormente, e não mascarando as suas dificuldades.

Realizar o trabalho do bem, não apenas na assistência social, mas em qualquer área, num planeta de expiações e provas como o nosso, no qual a maioria das pessoas, tanto encarnados, quanto desencarnados, está centrada na indiferença ou na crueldade para com o seu próximo, é muito difícil e exige renúncia.

Mas é importante perceber que a renúncia, como é uma qualidade do coração, só poderá ser real se for realizada por escolha consciente, e não por mascaramento do ego. Necessitamos, por isso, de muitos exercícios de *dever consciencial* para esse mister, transmutando os sentimentos egóicos, sejam eles evidentes ou mascarados.

Fundamental lembrar de um convite de Jesus, anotado por Mateus, 16:24:

"Então disse Jesus aos seus discípulos: Se alguém quiser vir após mim, renuncie-se a si mesmo, tome sobre si a sua cruz, e siga-me".

Sem a renúncia do egoísmo e do egocentrismo, jamais conseguiremos segui-Lo de verdade. É preciso renunciar ao nosso ego, ao Eu menor, aos prazeres egóicos, bem como às barganhas do ego mascarado, para sentir o verdadeiro prazer que nos proporciona vida em abundância, o prazer gerado pelo amor essencial, a ser estimulado pela prática do auto-amor, para, a partir dele, desenvolver o amor ao próximo, verdadeiramente, e não como uma máscara, consoante as próprias palavras do Cristo: *"Eu vim para que tenham vida e a tenham com abundância"*, João, 10:10.

Importante, então, não deturparmos o princípio cristão, pois essa prática produz grandes conflitos no Ser, atrasando a sua jornada rumo ao auto-encontro.

O movimento mascarado leva a criatura a esquecer de si mesma em sentido literal, a uma falsa renúncia, como vimos no exemplo acima, fazendo com que a pessoa "esqueça" momentaneamente os seus desejos egóicos evidentes. Fazendo isso ela esquece também de desenvolver os valores essenciais latentes que a estarão aproximando de Deus.

Enquanto se preocupa exclusivamente com o próximo, de uma forma mascarada, para aliviar a consciência e conseguir, de uma forma sutil, "recompensas" divinas, desfoca-se de si mesma, de sua renovação interior para melhor.

Muitas vezes a prática da caridade material – a beneficência – é utilizada pelo lidador espírita dessa forma, como um processo psicológico de fuga de si mesmo, isto é, o indivíduo evita encarar a sua própria vida, com as necessidades de aprimoramento íntimo através da reencarnação.

Então, ele é aquele que vai para a favela distribuir cestas básicas, sopa, cuidar de pessoas em hospitais, etc., enquanto, muitas vezes, a sua família fica abandonada afetivamente, as dificuldades com um ou outro trabalhador do grupo não são trabalhadas através da tolerância e do perdão e, até mesmo, conflitos interiores são colocados de lado, enquanto ele está fazendo "caridade".

Enfim ele vai passando por cima dos problemas e usa a caridade material como um meio de esquecer de si mesmo, literalmente, e aliviar a própria consciência, consciente ou inconscientemente, mascarando a realidade.

É claro que isto não pode resultar em bem-estar e alegria que o trabalho do bem deve proporcionar ao trabalhador, pois esses sentimentos surgem, não daquilo que se faz em nome do bem, mas de *como* se faz o bem.

Em menor intensidade vemos, também, esse movimento de obrigação de realizar o trabalho espírita para fugir de si mesmo, em outras áreas, como a evangelização infantojuvenil, o estudo sistematizado, o passe, a oratória, as atividades mediúnicas, enfim em todas as demais atividades que temos no movimento espírita, levando o tarefeiro a agir como servo, buscando recompensas e privilégios divinos devido à sua dedicação ao "bem".

Sobre essa questão recomendamos a todos lerem, com muita atenção, o livro *Tormentos da Obsessão*, de Manoel Philomeno de Miranda, psicografia de Divaldo P. Franco, que aborda o trabalho realizado por Eurípedes Barsanulfo e sua equipe no atendimento a espíritas desencarnados, em situações deploráveis no mundo espiritual, e que acreditavam estar realizando grandes trabalhos no bem.

É fundamental que todos os dirigentes e trabalhadores façam um exame da própria consciência para avaliar o que os está movendo, e com isso conhecer a verdade, seja ela qual for.

Caso encontremos alguma motivação egóica, evidente ou mascarada, renovemos a nossa posição para desenvolvermos sempre o *dever consciencial*, tomando cada um a sua cruz, o trabalho do bem, a ser realizado por escolha consciente, e possamos seguir Jesus verdadeiramente entusiasmados, em paz com a nossa consciência.

QUESTÕES PARA REFLEXÃO:

1 – Qual a diferença do conceito de salvação ensinado pelas religiões cristãs tradicionais comparado com o que preconiza a Doutrina Espírita?

2 – Como podemos entender o conceito espírita-cristão de caridade? fezer o bem pela alegria de ser bom

3 – Que deturpações do conceito de caridade costuma-se observar no movimento espírita e qual a sua repercussão junto àqueles que buscam orientação nas casas espíritas?

4 – Qual a origem do sentimento de obrigação em se realizar o trabalho do bem que observamos em muitos tarefeiros no movimento espírita? Que desdobramentos esse sentimento pode gerar, tanto num sentido individual, quanto coletivo?

5 – Em que consiste o dever consciencial e como podemos aplicá-lo na prática?

EXERCÍCIO VIVENCIAL:
FORA DA CARIDADE NÃO HÁ SALVAÇÃO

1.Coloque uma música suave e relaxante, feche os olhos e busque relaxar todo o seu corpo, da cabeça aos pés. Para facilitar o relaxamento você pode contrair a musculatura da face e membros superiores e relaxar por três vezes.

2.Depois reflita sobre a sua atuação nas atividades do movimento espírita que você participa. Você as realiza por obrigação ou por conscientização?

3.Que ações você pode realizar para transformar essa obrigação em conscientização ou aumentar o seu nível de conscientização sobre o trabalho?

4. *Que ações você pode implementar para desenvolver o dever consciencial em suas atividades no dia-a-dia do movimento espírita?*

5. *Anote as suas respostas.*

3.2. SEDE PERFEITOS

MUITO SE PEDIRÁ ÀQUELE QUE MUITO RECEBEU

O CAPÍTULO XVII de *O Evangelho Segundo o Espiritismo* traz, como título, "Sede Perfeitos" e no Capítulo XVIII, itens 10 a 12, aborda a questão do axioma *"muito se pedirá àquele que muito recebeu"*. Esses dois preceitos têm sido interpretados de uma forma literal e gerado muitas distorções na ação de muitos trabalhadores do movimento espírita, como veremos a seguir.

Temos observado muitas pessoas em conflitos psicológicos desnecessários, entrando em sentimento de culpa por não conseguirem desenvolver a perfeição que elas acreditam precisar ter, e passam a temer as conseqüências desse não desenvolvimento, pois, conforme dizem, lhes será pedido muito porque o Espiritismo é claro nos seus preceitos e elas não poderão pretextar ignorância.

Muitas ficam com medo de se verem presas de obsessores, outras têm medo de ir para o umbral ou, pior ainda, para as trevas após desencarnarem, dentre outras questões.

Novamente temos, devido à deturpação de princípios doutrinários legítimos, a interpolação de práticas típicas das igrejas cristãs tradicionais no movimento espírita, que levam o profitente a uma postura de temer Deus, ao invés de amá-Lo, devido a uma escolha consciente.

As pessoas que realizam essa autocobrança excessiva e orientam isso aos neófitos como uma prática saudável nas Casas Espíritas, apesar da sua sinceridade, estão bem intencionadas, mas mal direcionadas, pois não é possível se autodecretar a perfeição, simplesmente por conhecerem a verdade intelectualmente. Com esse movimento apenas criam máscaras, a pseudoperfeição ou perfeccionismo e o puritanismo, que são muito difíceis de serem superados.

Vamos analisar a questão da perfeição e o significado do *"muito se pedirá àquele que muito recebeu"* dentro de uma visão psicológica profunda para poder compreender essas verdades e, conseqüentemente, nos libertarmos dessas práticas estranhas à Doutrina Espírita e, é claro, também ao movimento espírita.

Várias vezes Jesus se referiu à destinação do ser humano: a perfeição relativa.

Vejamos os textos: Mateus, Capítulo 5, vv. 48, 13 a 16:

Sede vós, pois, perfeitos, como é perfeito o vosso Pai, que está nos céus.

Vós sois o sal da terra; ora, se o sal vier a ser insípido, como lhe restaurar o sabor? Para nada mais presta senão para, lançado fora, ser pisado pelos homens.

Vós sois a luz do mundo. Não se pode esconder a cidade edificada sobre um monte; nem se acende uma candeia para colocá-la debaixo do alqueire, mas no velador, e alumia a todos os que se encontram na casa.

Assim brilhe também a vossa luz diante dos homens, para que vejam as vossas boas obras e glorifiquem a vosso Pai que está nos céus.

Em João, Capítulo 10, v. 34:
Respondeu-lhes Jesus: Não está escrito na vossa lei: Eu
disse: sois deuses.

Todos nós fomos criados por Deus para alcançarmos a
perfeição relativa. Somos criados simples e ignorantes e temos uma fatalidade em nossas vidas: a perfeição.
Vejamos o que o *Livro dos Espíritos* diz sobre a questão:
Dos Espíritos, uns terão sido criados bons e outros maus?
Deus criou todos os Espíritos simples e ignorantes,
isto é, sem saber. A cada um deu determinada missão,
com o fim de esclarecê-los e de os fazer chegar
progressivamente à perfeição, pelo conhecimento da
verdade, para aproximá-los de si. Nesta perfeição é que
eles encontram a pura e eterna felicidade. Passando
pelas provas que Deus lhes impõe é que os Espíritos
adquirem aquele conhecimento. Uns, aceitam submissos
essas provas e chegam mais depressa à meta que lhes foi
assinada. Outros, só a suportam murmurando e, pela
falta em que desse modo incorrem, permanecem
afastados da perfeição e da prometida felicidade.
a) – Segundo o que acabais de dizer, os Espíritos, em
sua origem, seriam como as crianças, ignorantes e
inexperientes, só adquirindo pouco a pouco os
conhecimentos de que carecem com o percorrerem as
diferentes fases da vida?
Sim, a comparação é boa. A criança rebelde se conserva
ignorante e imperfeita. Seu aproveitamento depende da
sua maior ou menor docilidade. Mas, a vida do homem
tem termo, ao passo que a dos Espíritos se prolonga ao
infinito.[12] (grifos nossos)

---

[12] *O Livro dos Espíritos*, Allan Kardec, questões 115 e 115 A

Realmente a Doutrina Espírita é clara em todos os seus preceitos, não havendo dogmas herméticos em seu arcabouço, sendo, por isso, a verdade cristalina que revive os princípios exarados por Jesus em seu Evangelho. O fato de conhecermos essa verdade não nos modifica interiormente, de uma hora para outra. Isso é impossível de acontecer. Portanto, se desenvolvermos um movimento de autocobrança, nos exigindo vivenciar a verdade simplesmente por já a conhecermos com o cérebro e não com o coração vamos, necessariamente, entrar em conflitos.

Como vimos no Capítulo 1 o aperfeiçoamento interior estará acontecendo quando a criatura assumir a condição de aprendiz de Jesus, cujo parâmetro principal não é o conhecimento intelectual, e sim, o desenvolvimento das virtudes do coração. Ora, essas virtudes só podem ser desenvolvidas com o tempo, através da verdade libertadora, processo no qual vamos, de uma forma gradativa e suave, superando a ignorância do não-saber a verdade, do não-senti-la e do não-vivenciá-la.

Com exercícios constantes de aperfeiçoamento vamos suavemente transformando a ignorância em saber, sentir e vivenciar, que é a proposta cristã do "jugo suave" e do "fardo leve" que estudamos amplamente no Capítulo 1.

Quando nos exigimos vivenciar a verdade, simplesmente por já conhecê-la intelectualmente, saímos da condição de aprendizes e isso nos leva a estacionar.

De um ponto de vista psicológico profundo, o que nos leva a querer vivenciar a verdade, por já conhecê-la, é o orgulho mascarado. Queremos nos tornar Mestres, simplesmente porque começamos um processo de aprendizado, sem passar por todo um caminho de desenvolvimento, que se faz ao longo de muito tempo. Por isso Jesus preconiza que a condição para ser aprendiz é a mansidão e a humildade de coração.

Esse movimento produz grandes conflitos, completamente desnecessários, na criatura, porque ela não aceita a sua insipiência e produz a pseudoperfeição ou perfeccionismo e o puritanismo, e não o aperfeiçoamento e a pureza real.

O perfeccionismo e o puritanismo são muito comuns no movimento espírita, pois, devido ao conhecimento dos princípios cristãos e da clareza da Doutrina, o indivíduo exige de si mesmo e dos outros, o cumprimento integral dos mesmos de uma hora para outra, fato que para nós, no estágio evolutivo em que ainda estamos, é impossível de realizar.

Cultivamos, então, a não-aceitação dos sentimentos egóicos negativos e criamos com isso, as máscaras do ego. O problema é que, num nível profundo, a pessoa sabe que as máscaras são pseudovirtudes e entra em conflito por parecer algo que ainda não é.

Exigimos de nós uma perfeição e uma pureza que ainda não podemos ter, esquecidos que somos perfectíveis e temos a eternidade para realizar o aperfeiçoamento de nós mesmos e nos tornarmos Espíritos puros.

Para que alcancemos essa perfeição é imprescindível refletir que a única forma de brilhar a nossa luz é através do amor e esse processo acontecerá de forma gradativa e suave.

Quando nos exigimos uma perfeição e pureza que ainda não podemos realizar, entramos em conflito e criamos a pseudoluz do perfeccionismo, do puritanismo e outras máscaras egóicas, como as vistas no capítulo anterior. *"Se, portanto, a luz que em ti há são trevas, quão grandes serão tais trevas."*, Mateus, 6:23.

Idealizamos uma perfeição ilusória que nos retarda o próprio processo de aperfeiçoamento. Esse conflito representa um processo de divisão interna em que queremos ser algo que ainda não conseguimos. O ego acaba lutando consigo mesmo, fazendo abafar as negatividades, substituindo-as pelas pseudovirtudes.

Vejamos o que Jesus aborda sobre a questão em Mateus, Capítulo 12 v. 25:

Jesus, porém, conhecendo os seus pensamentos, disse-lhes: Todo reino dividido contra si mesmo é devastado; e toda cidade ou casa dividida contra si mesma não subsistirá.

Mateus, Capítulo 13, vv. 24 a 30:

Propôs-lhes outra parábola, dizendo: O Reino dos céus é semelhante ao homem que semeia boa semente no seu campo; mas, dormindo os homens, veio o seu inimigo, e semeou o joio no meio do trigo, e retirou-se.

E, quando a erva cresceu e frutificou, apareceu também o joio.

E os servos do pai de família, indo ter com ele, disseram-lhe: Senhor, não semeaste tu no teu campo boa semente? Por que tem, então, joio?

E ele lhes disse: Um inimigo é quem fez isso. E os servos lhe disseram: Queres, pois, que vamos arrancá-lo?

Porém ele lhes disse: Não, para que, ao colher o joio, não arranqueis também o trigo com ele.

Deixai crescer ambos juntos até à ceifa; e, por ocasião da ceifa, direi aos ceifeiros: colhei primeiro o joio e atai-o em molhos para o queimar; mas o trigo, ajuntai-o no meu celeiro.

Esta parábola nos ajuda a refletir sobre a maneira como devemos nos comportar com relação aos sentimentos egóicos negativos que trazemos em nós.

Vejamos que quando Jesus diz: *"O Reino dos céus é semelhante ao homem que semeia boa semente no seu campo"* está se referindo às qualidades essenciais dadas por Deus a todos nós para que possamos evoluir.

Essas qualidades estão presentes em nossa própria Essência Divina em estado de latência. São as boas sementes do trigo no campo. *O Reino dos Céus está presente na própria essência das criaturas, com todo o seu potencial de luz.* "Mas, dormindo os homens, veio o seu inimigo, e semeou o joio no meio do trigo". Aqui temos a representação da escolha que fazemos pelas negatividades do ego – o joio – quando "dormimos", isto é, anestesiamos a nossa consciência em busca dos prazeres egóicos, conforme vimos na passagem do Filho Pródigo.

Não que o ego seja nosso inimigo – ele é apenas ignorância –, mas nós o tornamos nosso adversário quando embotamos a nossa consciência e deliberadamente seguimos o caminho do mal, conforme vemos nas questões 120 e 121 de *O Livro dos Espíritos* colocadas a seguir.

Todos os Espíritos passam pela fieira do mal para chegar ao bem?

"*Pela fieira do mal, não; pela fieira da ignorância.*"

Por que é que alguns Espíritos seguiram o caminho do bem e outros o do mal?

"*Não têm eles o livre-arbítrio? Deus não os criou maus; criou-os simples e ignorantes, isto é, tendo tanta aptidão para o bem quanto para o mal. Os que são maus, assim se tornaram por vontade própria.*"[13]

"*E retirou-se*"; aqui fica clara a questão das máscaras. O inimigo planta o joio e retira-se. Após cultivarmos as negatividades do ego, simplesmente fugimos, as mascaramos.

"*Queres, pois, que vamos arrancá-lo? Porém ele lhes disse: Não, para que, ao colher o joio, não arranqueis também o trigo com ele*". Aqui Jesus diz de forma inequívoca que, se

---

[13] *O Livro dos Espíritos*, Allan Kardec, questões 120 e 121

tentarmos arrancar o joio, isto é, as negatividades do ego, poderemos arrancar o trigo, as virtudes essenciais. Por isso a necessidade do tempo para a transformação. Não há como arrancar de nós os sentimentos negativos. Isso somente irá gerar conflitos desnecessários. É preciso que ambos, sentimentos negativos do ego e virtudes essenciais – joio e trigo –, convivam juntos.

"Deixai crescer ambos juntos até à ceifa" é necessário, portanto, deixar que coexistam até o momento certo, a "ceifa". Os sentimentos egóicos negativos estarão coexistindo juntamente com os sentimentos essenciais de forma harmônica, até a completa transmutação do ego, que só ocorrerá com o tempo.

✳ ⌈Para evoluirmos, de uma forma suave e gradativa, realizando o amor e a autotransformação por escolha consciente e não por obrigação, é necessário aceitar as negatividades do ego em nós mesmos, como o Senhor propôs aos servos aceitarem a presença do joio, para no momento certo, dar-lhe destinação adequada.⌋

Sabemos que os sentimentos egóicos negativos são apenas uma forma de energia na qual está ausente o valor essencial correspondente, sendo as máscaras, o resultado da repressão deles.

Analisemos, a título de exemplo, estes sentimentos: orgulho, egoísmo, ansiedade.

Esses sentimentos são apenas nomenclaturas para que identifiquemos a ausência de valores essenciais. Eles não são reais. Não podemos dizer que eles não existem, **mas não são reais, no sentido de que o real é o permanente, é o Essencial**. Eles são ausência.

Dentro do conceito da impermanência, isto é, da transitoriedade, por mais que, em nós, haja orgulho, egoísmo e ansiedade, de um ponto de vista transcendente, a seu tempo todos vamos nos libertar desses sentimentos, apesar de que, na visão não energética, eles se tornam reais naquele momento, gerando a densificação do ego. Mas, ao longo do tempo, eles tendem a desaparecer, porque o **ego é aquele que não é**. Na linguagem da parábola todo joio será queimado, isto é, todos os sentimentos egóicos serão transmutados (purificação pelo "fogo", ou seja, a luz da essência) pelos sentimentos essenciais correspondentes.

Todos esses sentimentos egóicos **não são**, mas **estão**, porque são a ausência do exercício dos valores essenciais que somos. O que queremos colocar é a questão da ausência, do **não-ser**, mas **estar**. O **estado** é impermanente, transitório. O orgulho é a ausência do valor de ser humilde. O egoísmo é a ausência da virtude do altruísmo. A ansiedade é a ausência de serenidade. Quando estamos tímidos no exercício do ser, vivemos o irreal do **não-ser**. O **ego é apenas o não-movimento do Ser Essencial**. Quando o **Ser Essencial não age**, o **ego** que não é, **se situa**.

A partir do momento que vamos desenvolvendo a luz da essência (fogo que purifica), isto é, os sentimentos (trigo) da humildade, do altruísmo, da fraternidade, da compaixão, da serenidade, etc., os sentimentos negativos (joio) vão desaparecendo suave e gradativamente, coexistindo simultaneamente o trigo (sentimentos essenciais em desenvolvimento) e o joio (sentimentos egóicos em transmutação), conforme proposta de Jesus do jugo suave e do fardo leve.

Ao contrário, se não aceitamos essa condição, agimos como a *"casa dividida contra si mesma"* e criamos um fardo pesado a ser carregado que são as negatividades egóicas disfarçadas em virtudes, gastando muita energia desnecessariamente na manutenção dessa divisão interna, que apenas nos retarda a marcha.

Podemos fazer uma analogia para refletir sobre essa divisão.

Imaginemos que estejamos numa sala totalmente escura e ficássemos ansiosos por estar naquela condição e, aí, pegássemos uma foice e fôssemos lutar contra a escuridão, a golpes de foice, para acabar com ela. Qual o resultado que poderíamos obter? Apenas acabarmos machucados, não é mesmo?

Ao contrário, se nos acalmássemos e buscássemos uma forma de fazer luz, mesmo que fosse a partir de um palito de fósforo, poderíamos iluminar, ainda que de forma incipiente, o ambiente. Com o fósforo poderíamos acender uma vela, até encontrar o interruptor, etc. É esse o objetivo da vida. Iluminarmos o nosso ego a partir da luz da essência. Se lutarmos contra o ego, sairemos apenas machucados, sem modificá-lo em nada, mas se buscarmos desenvolver as virtudes essenciais, iremos, aos poucos, transmutá-lo em luz. Onde se leva a luz, a sombra desaparece.

Em outro versículo do Evangelho, Jesus aborda a questão da conciliação com os adversários que trazemos em nós. Vejamos o texto em Mateus, Capítulo 5, vv. 25 e 26:

Concilia-te depressa com o teu adversário, enquanto estás no caminho com ele, para que não aconteça que o adversário te entregue ao juiz, e o juiz te entregue ao oficial, e te encerrem na prisão.

Em verdade te digo que de maneira nenhuma sairás dali enquanto não pagares o último ceitil.

Jesus deixa claro que é necessário transformar depressa o adversário em amigo, para que ele não nos coloque na prisão. Quando não aceitamos os sentimentos negativos que trazemos – os nossos adversários internos –, ficamos aprisionados em nós mesmos, nas máscaras do ego, ou vivenciando amplamente os sentimentos egóicos, sem liberdade para superar, verdadeiramente, a nossa insipiência. Somente os transformando em aliados, verdadeiros amigos, é que podemos evoluir. O ego é apenas ignorância a ser transformada, e não algo execrável, a ser exterminado ou mascarado.

Necessário ponderar que Jesus usa o termo *depressa*, pois a decisão para se aceitar com defeitos e qualidades (joio e trigo) é instantânea, ou ela acontece, ou é postergada indefinidamente pela própria escolha da criatura.

Quando a conciliação é adiada, nós mesmos nos julgamos e nos condenamos à prisão, entramos em conflito interno, e só poderemos sair dela após o pagamento do último ceitil, isto é, após termos feito o esforço expiatório, voltando a perceber a pureza potencial que existe em nós, pois o ego sendo ignorância, traz a pureza em forma latente. O ego é a sombra que ainda não se fez em luz, necessitando apenas ser iluminado, e não rejeitado.

Todo esse conflito de não se aceitar com os sentimentos egóicos negativos tornando-os adversários, gera tormentos desnecessários, pois temos a possibilidade de transformá-los em amigos. Isso nos atrasa o processo evolutivo, porque ficamos na prisão, estagnados, impedindo a nós mesmos de evoluir.

Em uma visão psicológica profunda, esse conflito surge devido ao Eu idealizado ser diferente do Eu real. É fundamental que desenvolvamos um Eu ideal como modelo, apenas como referencial e não como uma exigência. O problema começa quando exigimos a idealização de forma abrupta, aí a idealização se torna ilusão.

Quando idealizamos, isto é, produzimos uma idéia, pensamos e, a partir daí, sentimos, gerando emoções e, posteriormente, realizamos, por meio dos nossos comportamentos, tornando concretos os pensamentos através de atitudes.

As idéias ou pensamentos podem surgir em duas fontes: no Ser Essencial ou no ego.

Quando os pensamentos surgem no Ser Essencial, os sentimentos que são estimulados são os essenciais, originários da energia do amor, produzindo comportamentos equilibrados.

Ao contrário, quando estes surgem no ego, a partir de uma crença limitadora, estimulam as negatividades do ego, originadas do desamor, ou mascaradas, originadas do pseudo-amor, gerando comportamentos desequilibrados. Quando idealizamos situações que podemos conseguir e nos esforçamos para realizá-las, estamos agindo em conformidade com o Essencial em nós mesmos. Ao contrário, quando idealizamos de forma ilusória, questões que ainda não conseguimos realizar e passamos a fingir que as realizamos, num jogo de faz-de-conta, estamos simplesmente cultivando a idealização egóica, falsa em si mesma.

Por exemplo: quando nos exigimos a perfeição com base na crença limitadora que temos obrigação de fazê-lo por já deter a verdade em nossas mentes, simplesmente estaremos fazendo de tudo para cumprir com essa "obrigação" e por isso criamos a máscara do perfeccionismo e do puritanismo, aquele que parece perfeito e puro, mas não o é.

Ao contrário, se nos conscientizarmos que a perfeição é decorrência natural de um processo que acontece ao longo do tempo, através de exercícios gradativos, estaremos, naturalmente, idealizando algo essencial, realmente possível de ser realizado.

Portanto, a partir do estudo dos processos de idealização e realização, vamos entender muitos dos conflitos pelos quais os seres humanos passam ao longo de sua trajetória de vida.

Vejamos, de maneira mais pormenorizada, os conceitos:

Idealização: ação para se criar, mentalizar a idéia. A mentalização das idéias acontece no plano das potencialidades, isto é, a idéia só existe enquanto potencial, um ideal a ser realizado. Por exemplo, Jesus é o ideal de perfeição que podemos almejar, conforme vemos na questão 625 de *O Livro dos Espíritos*. Buscar a perfeição de Jesus é um ideal a ser realizado.

Observação: é importante diferenciar a idealização real, um movimento essencial, da idealização fantasiosa, um movimento egóico mascarado, que é um tipo de idealização impossível de ser realizado, pelo menos naquele momento. No ideal fantasioso a pessoa cria idéias ilusórias, que estão além das suas possibilidades, não sendo possível de serem realizadas naquele instante. Por exemplo: exigir de si mesmo, de uma hora para outra, atitudes iguais às de Jesus por ter conhecimento dos princípios cristãos, através do estudo do Evangelho, deixa de ser uma idealização para ser uma ilusão. Este ideal é impossível de ser realizado de forma abrupta, apenas acontecerá com o tempo.

Realização: ação para se tornar a idéia real, concreta. A realização das idéias e do ideal está no plano das possibilidades, isto é, as idéias ou ideais podem ser realizados, ou não.

Observação: Percebamos que dentro de um ponto de vista transcendente, todos os ideais de amor, de desenvolvimento do bem, do bom e do belo em nós mesmos, serão realizados, conforme estudamos no capítulo anterior com base na questão 116 de *O Livro dos Espíritos*. A questão é que esse potencial é desenvolvido de forma gradativa, ao longo do tempo, nas várias oportunidades das vidas sucessivas que temos para realização desse mister.

A idealização quando egóica, fantasiosa, cria inúmeras distorções, pois a fantasia mascara a realidade. Criamos, então, as figuras do Eu idealizado mascarado, em oposição ao Eu real, fator extremamente nocivo que estará impedindo, transitoriamente, a própria evolução da criatura. Explicitemos melhor estes conceitos:

Eu idealizado mascarado: a forma como eu penso que sou; como eu me idealizo. Normalmente nos idealizamos melhores do que somos em muitos aspectos, por já conhecer as verdades cristãs, por saber o que é certo e errado, etc. O que ocorre, na prática, é que as máscaras não se sustentam indefinidamente e, cedo ou tarde, percebemos a nossa indigência e aí, nos idealizamos piores do que somos, nos colocando numa posição inferior. Percebamos que o ser superior ou inferior só existe em nossas mentes conflituadas. Tanto uma posição, quanto a outra, está distante da realidade.

Eu real: a forma como sou realmente, com limitações, potencialidades e possibilidades já realizadas, ou a serem desenvolvidas. O Eu real não é nem melhor, nem pior do que muitas vezes acreditamos. A realidade é que temos virtudes desenvolvidas, ou a serem desenvolvidas, e muitas negatividades, a serem transmutadas. Essa é a condição de todo ser humano, até que se liberte totalmente do ego e se torne um Espírito puro.

Esse conflito entre aquilo que se *é* e o que se *pensa ser*, gera grandes obstáculos ao próprio aperfeiçoamento.

O ideal como modelo deve ser apenas uma referência, e não uma exigência, em conformidade com o que Jesus diz em Lucas, 8:18:

"Vede, pois, como ouvis, porque a qualquer que tiver lhe será dado, e a qualquer que não tiver até o que parece ter lhe será tirado".

Quando idealizamos virtudes que ainda não temos como se já as possuíssemos, num jogo de faz-de-conta, até o que parecemos ter, nos será tirado. As máscaras, como são pseudovirtudes, apenas parecem, não são, e, mais cedo ou mais tarde, todas cairão. Muitos de nós entramos em conflitos enormes quando isso acontece, fato lamentável e desnecessário, se aceitássemos a nossa condição de criaturas simples e ignorantes, em processo de evolução.

Quando aceitamos essa condição, entramos no campo da idealização real, pois estaremos cultivando, gradativa e suavemente, as virtudes que já temos latentes, como sementes em nós mesmos: *"a qualquer que tiver lhe será dado"*.

Temos como modelo Jesus, e este deve servir de referência para que nos esforcemos em buscar esse ideal, vivenciar em nós o amor, do qual Ele foi o exemplo vivo sem, contudo, nos exigir essa vivência de forma abrupta, para que não venhamos a distorcer a prática do amor, criando o pseudo-amor e, assim, retardar o nosso processo evolutivo.

Portanto, quando Kardec coloca em *O Evangelho Segundo o Espiritismo* o axioma *"Muito se pedirá àquele que muito recebeu"*, está se referindo ao esforço que devemos realizar para dominar as nossas más inclinações, processo que será realizado em cada um, de acordo com as suas possibilidades, dentro do ideal possível para essa pessoa, nesse momento, e que é diferente para cada um de nós.

O nosso potencial é o mesmo: a perfeição relativa, mas as possibilidades individuais são diferentes e, por isso, é descabida a auto-exigência de uma perfeição da qual ainda estamos distantes.

Se fizermos todo o esforço necessário para dominar as más inclinações – que para nós são possíveis em cada momento –, estaremos com a consciência tranqüila, pois não há um tribunal no além-túmulo com juízes para nos julgar e condenar as nossas ações.

Tudo acontece em nossa própria consciência e se nos

mantivermos na posição de aprendizes de Jesus, sabedores que a verdade não se toma de assalto, mas é meditada e sentida para ser vivenciada, com certeza estaremos em paz, e uma consciência pacificada vive o "céu" em si mesma, onde quer que esteja, consoante o que diz Jesus em Mateus, 6:33: *"Buscai primeiro o reino de Deus e a sua justiça e tudo o mais vos será acrescentado".*

* * * * * * * * * * *

Agora vamos analisar uma outra questão existente no movimento espírita que tem a ver com o tema da perfeição. É o caso daqueles irmãos cuja tendência é a de acreditar-se grandes detentores da verdade, só por terem-na estudado e a conhecerem intelectualmente, resultando em uma postura egóica mascarada, que grandes obstáculos têm causado ao movimento.

No caso anteriormente estudado, as pessoas que agem assim acreditam, sinceramente, que devem se tornar perfeitas e puras, por já conhecerem a verdade e exigem essa perfeição delas mesmas, de uma forma abrupta.

As pessoas, cujo perfil vamos estudar agora, acreditam que, por conhecerem a verdade, já são perfeitas e puras e, por isso, se colocam na posição de exigir a pureza e a perfeição nos outros. São os fiscais da consciência alheia.

Em realidade são pessoas que pensam que conhecem a verdade – como os fariseus na época de Jesus, que estudavam a lei para cobrar, dos demais, o seu cumprimento –, mas que, na verdade, estão muito distantes dela, pois não meditam sobre os seus conceitos profundos para utilizarem em suas próprias vidas. Estudam para saber como se comportar externamente e exigirem isso dos outros. São os que sabem a verdade com o cérebro e não com o coração, por isso estão muito distantes de senti-la e de vivenciá-la.

Só que eles não reconhecem isso. Agem como se já fossem mestres e donos da verdade. Estão sempre fiscalizando o que os outros fazem e o que os outros pensam, como se fossem guardiões da Doutrina e do movimento espírita.

Acontece com eles o fenômeno da *projeção* que estudamos no capítulo anterior, quando analisamos a postura do irmão mais velho atacando o seu irmão que havia sido recebido com compaixão pelo seu pai.

Pessoas assim acreditam-se virtuosas e se colocam como fiscais da consciência dos demais companheiros de ideal. Estão sempre voltados para o que os outros estão fazendo, como se esse fosse o objetivo de suas vidas e não a própria evolução.

Acreditam que realizam uma função muito importante que é, segundo dizem, defender a pureza da Doutrina Espírita, como se a verdade precisasse de defesa.

Uma verdade que precisa de defesa, com certeza, não é verdade. E o Espiritismo, o cristianismo redivivo, não precisa de ninguém a defendê-lo, aliás, como fez o próprio Allan Kardec. Jamais defendeu a Doutrina, pois sabia que ela não precisava disso. Quando se dirigia aos seus detratores e aos pseudo-espíritas, apenas usava da palavra para esclarecer os pontos que achava relevante, mas jamais para atacar alguém e defender os seus postulados.

Esses irmãos ainda não despertaram as suas consciências, ainda não perceberam que o que os move é o orgulho e a vaidade, por isso agem, projetando nos outros, as deficiências que eles mesmos possuem, mas que se recusam a enxergar.

Fazem muito mal ao movimento espírita e dificultam a marcha da Doutrina que dizem defender.

São os fariseus da era moderna, aplicando-se a eles a

mesma fala de Jesus, que se encontra extremamente atual:
Mateus, Capítulo 7, vv. 3 a 5:
E por que reparas tu no argueiro que está no olho do teu irmão e não vês a trave que está no teu olho? Ou como dirás a teu irmão: Deixa-me tirar o argueiro do teu olho, estando uma trave no teu? Hipócrita, tira primeiro a trave do teu olho e, então, cuidarás em tirar o argueiro do olho do teu irmão.

Mateus, Capítulo 23, vv. 27 e 28:
Ai de vós, escribas e fariseus, hipócritas! Pois que sois semelhantes aos sepulcros caiados, que por fora realmente parecem formosos, mas interiormente estão cheios de ossos de mortos e de toda imundícia. Assim, também vós exteriormente pareceis justos aos homens, mas interiormente estais cheios de hipocrisia e de iniqüidade.

QUESTÕES PARA REFLEXÃO:

1 – *Como devemos analisar o convite que Jesus nos faz para sermos perfeitos?*
2 – *Que posturas devemos ter em relação às nossas imperfeições?*
3 – *Como podemos compreender os conceitos de idealização e realização?*
4 – *Como podemos aproximar o Eu idealizado do Eu real?*
5 – *Como compreender o movimento de pessoas que se colocam como defensoras da Doutrina Espírita, e, por isso, vivem extremamente preocupadas com aquilo que os outros fazem e não com as próprias atitudes?*

EXERCÍCIOS VIVENCIAIS:
SEDE PERFEITOS

1. Coloque uma música suave e relaxante, feche os olhos e busque relaxar todo o seu corpo, da cabeça aos pés. Para facilitar o relaxamento você pode contrair a musculatura da face e membros superiores e relaxar por três vezes.
2. Agora reflita sobre as atitudes que você tem diante de suas imperfeições. Como você as encara? Com naturalidade ou com rejeição e desejo de se livrar delas abruptamente?
3. Que ações você pode realizar para transformar essa rejeição, caso a possua, aceitando-se como você é, com qualidades e defeitos a serem transmutados?
4. Que ações você pode implementar para aproximar o seu Eu idealizado do seu Eu real?
5. Anote as suas respostas.

COMO EU ME IDEALIZO NAS ATIVIDADES DO MOVIMENTO ESPÍRITA

1. Faça uma lista das atividades que você desempenha comumente no movimento espírita.
2. Após ter feito a lista, coloque uma música suave e relaxante, feche os olhos e busque relaxar todo o seu corpo, da cabeça aos pés. Para facilitar o relaxamento você pode contrair a musculatura da face e membros superiores e relaxar por três vezes.
3. Agora imagine-se realizando as suas atividades, interagindo com as pessoas presentes. Observe os seus pensamentos, emoções e comportamentos em cada uma dessas atividades.

4. *Agora faça uma auto-avaliação, buscando perceber em quais atividades você costuma ser mais real, em quais você se idealiza (acredita) ser melhor ou pior do que você é.*

5. *Analise o que precisa ser melhorado para que você possa desenvolver as coisas boas que idealiza para você, tornando-as reais, bem como para trabalhar as crenças limitadoras de inferioridade e/ou superioridade, caso você as tenha, e, ao mesmo tempo, ir transmutando o lado egóico do seu Eu real, transformando-o para melhor.*

6. *Após as reflexões anote, resumidamente, as suas observações.*

Obs: Lembre-se de que você está fazendo um exercício de autopercepção amorosa de si mesmo. Evite autojulgamentos do tipo *certo* e *errado* e *autocondenação*. O seu Eu real é composto de qualidades e de imperfeições a serem transformadas, e não julgadas e condenadas.

3. 3. DA CULTURA DE CULPA À AÇÃO RESPONSÁVEL

*V*AMOS CONCLUIR ESTE CAPÍTULO analisando as conseqüências dessas deturpações de princípios doutrinários legítimos. Percebemos que todos os processos acontecem motivados pelo sentimento de culpa e a urgência em superar as dificuldades que a geram. Todas as vezes que tivermos um movimento de obrigação de realizar uma ação que acreditamos ser uma determinação divina, estaremos conectando com milênios de condicionamento, no qual a cultura de culpa foi inculcada em nossa consciência. Se analisarmos O Evangelho de Jesus profundamente, vamos perceber que, em momento algum, Ele faz uma apologia da culpa e da punição, como vemos no *Velho Testamento*, resultado da lei mosaica do "olho por olho" – colocada em nome de Deus –, para um povo extremamente ignorante, para o qual teve uma função didática.

Na Parábola dos Dois Irmãos, que já estudamos detalhadamente, Ele coloca isso bem claro. Em várias outras passagens Ele nos convida ao arrependimento e à renovação pela fé e pelo amor, nos chamando a atenção para uma nova cultura de responsabilidade e de perdão, que até hoje não foi compreendida pela humanidade.

Temos, ainda, fortemente alicerçado em nossa cultura, o hábito de nos culpar e de culpar os outros quando cometemos, ou alguém comete, algum erro. Devido a princípios religiosos, associamos erro à concepção religiosa medieval de pecado e, automaticamente, à culpa.

Vejamos o conceito de pecado, segundo o Dicionário Houaiss:

1 *Violação de um preceito religioso*
2 *Derivação: por extensão de sentido. desobediência a qualquer norma ou preceito; falta, erro*
3 *Ação má; crueldade, perversidade*

A culpa que sentimos é resultado de séculos de condicionamento dentro do pensamento judaico-cristão. Aliás, uma distorção do pensamento cristão, que, intrinsecamente, não estabelecia a culpa e a punição, como posteriormente acabou acontecendo, quando o cristianismo se transformou em catolicismo, e mais tarde também nas várias religiões cristãs que surgiram dele derivadas.

No pensamento mosaico há uma série de ameaças de punições divinas, fruto do primitivismo do povo a que era dirigido. Basta ler o *Velho Testamento* que iremos nos deparar com inúmeras ameaças.

Jesus, ao contrário, falou o tempo todo de Deus como Pai amoroso, compaixão, amor, misericórdia, da fé que salva, etc. Mas as religiões ditas cristãs – a começar pelo catolicismo, – preferiram continuar a pregar para os seus adeptos a necessidade de temerem um Deus ameaçador e punidor, de modo a poderem manipular as consciências com mais facilidade.

Algumas delas ampliaram, ainda mais, as distorções criadas pelo catolicismo, devido ao puritanismo com que as fragilidades humanas são encaradas. Dentro do pensamento puritano, comum nas igrejas evangélicas, tudo o que fazemos e que não está dentro dos padrões rígidos de uma pseudomoral instituída, é um pecado e deve ser punido violentamente. Durante séculos esse pensamento oriundo do judaísmo, do *"olho por olho, dente por dente"*, manipulado e distorcido pelas doutrinas ditas "cristãs", por interesse de domínio, vem imperando dentro da cultura ocidental.

Ao invés da punição do pecado, o Evangelho de Jesus está sempre nos conclamando ao arrependimento, à renovação pela fé e pelo amor. Basta analisar as passagens da Mulher Adúltera, quando Ele disse que atirasse a primeira pedra aquele que não tivesse nenhum pecado; a sua postura com Maria de Magdala – dentre outras passagens – e perceberemos que Ele via o pecado de uma maneira natural, como um desvio de rota, apenas um erro, fazendo parte das experiências de evolução do ser humano, conforme analisamos no Capítulo 2.

Mas, infelizmente, as suas palavras foram distorcidas e durante séculos este pensamento deturpado tem imperado, como ainda hoje, na cultura ocidental, a ponto de ainda estar imerso no inconsciente coletivo de todos os povos ocidentais. Isso faz com que a culpa esteja impregnada em nós mesmos.

Estudemos agora a passagem da Mulher Adúltera em João, Capítulo 8, vv. 1 a 11, que é toda ela um hino ao perdão:

Porém Jesus foi para o monte das Oliveiras.

E, pela manhã cedo, voltou para o templo, e todo o povo vinha ter com ele, e, assentando-se, os ensinava.

E os escribas e fariseus trouxeram-lhe uma mulher apanhada em adultério.

E, pondo-a no meio, disseram-lhe: Mestre, esta mulher

foi apanhada, no próprio ato, adulterando, e, na lei, nos mandou Moisés que as tais sejam apedrejadas. Tu, pois, que dizes?
Isso diziam eles, tentando-o, para que tivessem de que o acusar. Mas Jesus, inclinando-se, escrevia com o dedo na terra.
E, como insistissem, perguntando-lhe, endireitou-se e disse-lhes: Aquele que dentre vós está sem pecado seja o primeiro que atire pedra contra ela.
E, tornando a inclinar-se, escrevia na terra.
Quando ouviram isso, saíram um a um, a começar pelos mais velhos até aos últimos; ficaram só Jesus e a mulher, que estava no meio.
E, endireitando-se Jesus e não vendo ninguém mais do que a mulher, disse-lhe: Mulher, onde estão aqueles teus acusadores? Ninguém te condenou?
E ela disse: Ninguém, Senhor. E disse-lhe Jesus: Nem eu também te condeno; vai-te e não peques mais.

Aqui vemos, bem clara, a postura de Jesus com relação ao erro. A lei mosaica prescrevia a lapidação como punição ao adultério. Os escribas e fariseus, como cultivavam a máscara do puritanismo, buscaram Jesus para o testar a respeito do cumprimento da lei *"para que tivessem de que o acusar".*

Jesus, serenamente, dá uma das mais profundas lições concernentes à ação responsável e ao perdão: *"Aquele que dentre vós está sem pecado seja o primeiro que atire pedra contra ela."*

Como todos possuíam erros ocultos sob as máscaras, foram saindo *"um a um, a começar pelos mais velhos até aos últimos",* pois não conseguiram prosseguir no seu intento, diante da força moral de Jesus.

Com certeza Jesus, conhecedor profundo da alma hu-

mana, sabia dos erros de cada um deles ocultos sob o puritanismo. Os mais velhos saíram primeiro, por ocultar maior número de erros inscritos nas próprias consciências, até que não
restou nenhum deles.

Quando só restaram a mulher e Ele, faz o questiona-
mento à ela: *"Mulher, onde estão aqueles teus acusadores?
Ninguém te condenou? E ela disse: Ninguém, Senhor."*

E Ele, o único com autoridade moral para condenar, pois
era isento de erro diz: *"Nem eu também te condeno"*, porque o
amor não julga, condena ou pune. O amor convida à renovação de atitudes: *"vai-te e não peques mais"*, fato que se constitui no convite ao autoperdão: responsabilizar-se pelo erro,
arrepender-se dele, aprender a lição que ele proporciona e evitar
repetir o erro novamente, até internalizar o acerto.

Vê-se bem, por esta passagem e outras do Evangelho,
que não há espaço para julgamento, condenação e punição na
Doutrina Cristã, portanto, esse culto à culpa e à punição que foi
inserido no Cristianismo, deve ser urgentemente ressignificado.

Como vimos, esse pensamento ainda impera dentro do
movimento espírita, repetindo-se as mesmas práticas das igrejas cristãs tradicionais: de temer a Deus ao invés de amá-Lo,
como Jesus ensinou.

Precisamos, urgentemente, criar uma nova cultura de
responsabilidade e perdão, conforme nos orienta Jesus, revivendo os seus ensinamentos através da Doutrina Espírita.

A cultura da responsabilidade é a própria prática da solidariedade e tolerância, que Kardec preconiza na tríade estudada no Capítulo 1.

Já a cultura da culpa é formada pelos movimentos de
julgamento, condenação e punição, seja de si mesmo, seja
dos outros.

Vejamos outras passagens do Evangelho, nas quais Jesus aborda a improcedência da questão do julgamento, da

condenação e da punição, reforçando a necessidade da renovação interior pelo arrependimento e pelo auto-aperfeiçoamento que nos liberta dos erros:

Mateus, Capítulo 9, vv. 11 a 13:

E os fariseus, vendo isso, disseram aos seus discípulos: Por que come o vosso Mestre com os publicanos e pecadores?

Jesus, porém, ouvindo, disse-lhes: Não necessitam de médico os sãos, mas sim, os doentes.

Ide, porém, e aprendei o que significa: Misericórdia quero e não sacrifício. Porque eu não vim para chamar os justos, mas os pecadores, ao arrependimento.

Aqui Jesus diz, de forma inequívoca, que o sacrifício (punição) não faz parte das leis divinas, mas a misericórdia (compaixão). O espírito simples e ignorante não precisa de punição para se educar a fim de liberar-se de suas doenças, mas de médico, para o estimular a se curar.

Lucas, Capítulo 7, vv. 37 a 50:

E eis que uma mulher da cidade, uma pecadora, sabendo que ele estava à mesa em casa do fariseu, levou um vaso de alabastro com ungüento.

E, estando por detrás, aos seus pés, chorando, começou a regar-lhe os pés com lágrimas, e enxugava-lhos com os cabelos da sua cabeça e beijava-lhe os pés, e ungia-lhos com o ungüento.

Quando isso viu o fariseu que o tinha convidado, falava consigo, dizendo: Se este fora profeta, bem saberia quem e qual é a mulher que lhe tocou, pois é uma pecadora.

E, respondendo, Jesus disse-lhe: Simão, uma coisa tenho a dizer-te. E ele disse: Dize-a, Mestre.

Um certo credor tinha dois devedores; um devia-lhe

quinhentos dinheiros, e outro, cinqüenta.
E, não tendo eles com que pagar, perdoou-lhes a ambos.
Dize, pois: qual deles o amará mais?
E Simão, respondendo, disse: Tenho para mim que é
aquele a quem mais perdoou. E ele lhe disse: Julgaste bem.
E, voltando-se para a mulher, disse a Simão: Vês tu
esta mulher? Entrei em tua casa, e não me deste água
para os pés; mas esta regou-me os pés com lágrimas e
mos enxugou com os seus cabelos.
Não me deste ósculo, mas esta, desde que entrou, não
tem cessado de me beijar os pés.
Não me ungiste a cabeça com óleo, mas esta ungiu-me
os pés com ungüento.
Por isso, te digo que os seus muitos pecados lhe são
perdoados, porque muito amou; mas aquele a quem
pouco é perdoado pouco ama.
E disse a ela: Os teus pecados te são perdoados.
E os que estavam à mesa começaram a dizer entre si:
Quem é este, que até perdoa pecados?
E disse à mulher: A tua fé te salvou; vai-te em paz.

Aqui, nesse encontro de Jesus com Maria de Magdala, Ele nos fala das condições para que nos libertemos de nossos erros, primeiramente o amor: *"Por isso, te digo que os seus muitos pecados lhe são perdoados, porque muito amou".* O exercício do amor é a primeira condição para nos libertarmos dos erros cometidos, quando nos identificamos com as negatividades do ego (desamor), bem como com suas máscaras (pseudo-amor). O autoperdão é um grande ato de amor.

A outra condição é a fé *("A tua fé te salvou").*

Fé é ter fidelidade à sua capacidade de renovação. Esse processo só depende da criatura e não de terceiros, como analisamos na Parábola dos Dois Filhos, na fase de arrependimento do Filho Pródigo.

Por isso Jesus sempre dizia *a tua fé*, e não *Eu te salvei*, tampouco *Deus te salvou*, para nos chamar a atenção para a nossa independência psicológica, e que somos livres de quaisquer questões externas.

Não dependemos de ninguém para nos arrependermos, nos perdoarmos, e seguirmos avante em nossa evolução, apenas de nós mesmos. Isso gera a confiança em nós mesmos, na nossa capacidade de auto-renovação pelo amor.

A salvação, portanto, só depende de nós mesmos, do nosso esforço no bem. Da fidelidade a nossos propósitos superiores.

Quando sintonizamos com essas verdades nos oportunizamos o autoperdão, que é, simplesmente, darmo-nos as condições de buscar o amor Essencial em nós mesmos e prosseguirmos na busca do aperfeiçoamento, para nos aproximarmos, cada vez mais, de Deus.

Lucas, Capítulo 15, vv. 1 a 10:

E chegavam-se a ele todos os publicanos e pecadores para o ouvir.

E os fariseus e os escribas murmuravam, dizendo: Este recebe pecadores e come com eles.

E ele lhes propôs esta parábola, dizendo:

Que homem dentre vós, tendo cem ovelhas e perdendo uma delas, não deixa no deserto as noventa e nove e não vai após a perdida até que venha a achá-la?

E, achando-a, a põe sobre seus ombros, cheio de júbilo; e, chegando à sua casa, convoca os amigos e vizinhos, dizendo-lhes: Alegrai-vos comigo, porque já achei a minha ovelha perdida.

Digo-vos que assim haverá alegria no céu por um pecador que se arrepende, mais do que por noventa e nove justos que não necessitam de arrependimento.

Ou qual a mulher que, tendo dez dracmas, se perder

uma dracma, não acende a candeia, e varre a casa, e busca com diligência até a achar?
E, achando-a, convoca as amigas e vizinhas, dizendo: Alegrai-vos comigo, porque já achei a dracma perdida.
Assim vos digo que há alegria diante dos anjos de Deus por um pecador que se arrepende.

Aqui fala novamente da atitude de renovação que é muito bem-vinda por Deus que quer que o pecador se arrependa, conforme vimos no estudo da Parábola dos Dois Irmãos. E mais uma vez, tanto nessa passagem, como nas citadas anteriormente, dá uma lição no puritanismo dos fariseus e dos escribas, cujo hábito maior era de julgar as faltas dos outros, como se estivessem desprovidos delas.

Após essas reflexões iniciais, aprofundemos um pouco mais na questão da ação responsável, geradora do autoperdão.

A culpa nos faz sentir uma situação que requer tratamento. A *consciência de culpa* não seria uma consciência, mas uma pseudoconsciência.

Quando o indivíduo constata uma ação equivocada, tem dois movimentos: ou se fixa na conduta egóica, ou se fixa na conduta essencial consciente.

Ação equivocada na abordagem psicológica transpessoal significa todo ato de desamor ou pseudo-amor (que tenta esconder o desamor), cometido contra si mesmo, outras pessoas ou seres, enfim, contra a Vida.

Quando cometemos um erro estamos assumindo uma postura egóica. Essa atitude equivocada pode acontecer por ignorância ou por desprezo ao que é correto, que continua, de uma certa forma, sendo ignorância, a do não-sentir. A pessoa já sabe que é errado, mas ainda não consegue sentir isso.

Errar, portanto, é ignorar, seja no nível do conhecimento ou do sentimento, o que está em conformidade com os princípios da lei de amor.

Por exemplo, o mandamento cristão de "amar o próximo como a si mesmo" é facilmente entendível no nível do saber, mas dificilmente sentido e, por isso, ainda pouco vivenciado. Toda atitude equivocada tem, no entanto, a sua conseqüência e sempre arcaremos com ela, pois deixa marcas em nossa consciência, que será mais ou menos profunda, dependendo do erro cometido, conforme vimos na fase de arrependimento do Filho Pródigo.

Vejamos, detalhadamente, o movimento egóico relativo à culpa e o movimento essencial para nos libertarmos dela.

Todo movimento egóico sempre tem duas polaridades: uma passiva e outra reativa. Na polaridade passiva, temos o *desculpismo* e na reativa, o *culpismo*.

O processo do **culpismo** é formado por três atitudes: *julgamento, condenação e punição*, que pode ser tanto de si mesmo, como dos outros.

Diante de um ato equivocado que possa ter cometido, a pessoa se *autojulga*, considerando a ação errada, por isso se *autocondena* e, posteriormente, se *autopune* para sofrer as conseqüências de seu erro. Em algumas pessoas, seguindo-se à autopunição, existe uma quarta atitude que é de *autopiedade*, por se sentir uma coitada, sofrendo dolorosamente, sem perdão.

A mesma coisa fazemos com os erros dos outros: os julgamos, condenamos e punimos. Percebamos que este é um processo de pseudoconsciência e de pseudo-responsabilidade, pois a pessoa não muda, em nada, o ato praticado, com este movimento.

O processo do **desculpismo** também é formado por três atitudes: *julgamento, justificativa e irresponsabilidade*.

Diante de um ato equivocado a pessoa se autojulga, considerando a ação errada, mas ao invés de se autocondenar, como no processo anterior, entra numa atitude de se autojustificar, buscando culpar outras pessoas, reais ou imaginárias, ou a sociedade, o governo, ou até Deus, pelo seu equívoco, assumindo uma conduta irresponsável que a faz fugir do erro praticado, como se isso fosse possível.

Da mesma forma como no culpismo podemos usar, também, o desculpismo com os outros, quando percebemos algum comportamento errado nas pessoas, justificamos de forma irresponsável. Normalmente isso acontece com pessoas próximas a nós que dizemos amar, mas que na verdade, envolvemos com pseudo-amor, conivindo com seus erros.

Percebamos que, com estes dois movimentos, o indivíduo se fixa na conduta egóica mantendo-se na inércia do erro, numa postura rígida e improdutiva. Ao cultivar a culpa e a desculpa, ele aprofunda o movimento egóico.

Estes processos constituem um mecanismo psicológico que atesta a nossa inferioridade, resultado do orgulho e da preguiça. Porque toda modificação exige um esforço. Quando se cai, exige-se um esforço para levantar, como vimos com o Filho Pródigo. Todo corpo precisa se esforçar para manter-se de pé. Ficar caído é mais cômodo. Além disso, causa uma comoção nas outras pessoas. Nesta postura de pseudo-amor, de autopiedade, a criatura recebe migalhas de afetividade.

Quem se culpa não assume a responsabilidade pela condução da sua vida. Constitui-se, num nível profundo, um movimento de fuga. É mais fácil sofrer e se sentir um coitado, do que tomar nas mãos a responsabilidade por construir a própria felicidade, pois isto só acontece com esforço pessoal.

Quando o indivíduo se culpa pelo equívoco, este processo acaba por bloquear o Ser Essencial, formando uma espécie de anel energético em torno dele, impedindo a sua expansão (é colocado na *prisão* como diz Jesus no versículo estudado anteriormente). Com isso a pessoa impede que os próprios sentimentos egóicos, que geraram a culpa, sejam transmutados, fato que só ocorre através da expansão do Ser Essencial. Acontece, então, um círculo vicioso no qual a incidência nos equívocos leva à culpa, que ampliará as energias do ego, bloqueando as energias do Ser Essencial gerando uma culpa ainda maior.

Para nos libertarmos, tanto da culpa, quanto da desculpa, necessitamos cultivar o processo da **ação responsável**. Ele é fruto da observação amorosa, tanto de nós mesmos, quanto dos outros, pela qual nos responsabilizamos pelos nossos atos. Somente através do amor é que podemos nos libertar da culpa e da tentativa de fugir dela.

Vejamos como podemos proceder. A **ação responsável** é um processo de *autoconsciência*, composto das seguintes atitudes: *responsabilização, arrependimento, auto-análise, aprendizado e reparação*.

Todo ser humano é ainda imperfeito e, por isso, quando for realizar uma ação, sempre terá dois resultados: o acerto, ou o erro. O acerto, dentro da visão transpessoal, será sempre um ato de amor diante da vida. O erro, como vimos anteriormente, é um ato de desamor, evidente ou oculto, que acontece pela ignorância do não-saber ou do não-sentir.

O *culpismo* é um processo de se tentar substituir um ato de desamor por outro ato de desamor. O *desculpismo* é a tentativa de substituir o desamor pelo pseudo-amor. Em ambos movimentos a conduta é pseudoconsciente e irresponsável.

A *ação responsável* é um processo de auto-exame consciente de si mesmo, propiciador do autoperdão. Inicia-se com a *autoconsciência*, na qual a pessoa irá observar-se para perceber os seus atos, classificando-os em acertos, quando estiverem em conformidade com a lei do amor, e erros, quando forem provenientes do desamor e pseudo-amor.

Ao se perceber em erro, ao invés de entrar no julgamento gerador do remorso ineficaz, proveniente da consciência de culpa ou na tentativa infrutífera de fugir dele, o indivíduo tem uma atitude **responsável**, não de auto-acusação, mas de perceber que foi ele que cometeu aquele ato e somente ele poderá repará-lo.

Após assumir a responsabilidade, segue-se o **arrependimento**, pois o erro praticado é um ato de desamor, portanto contrário às leis divinas e, então, é necessário se arrepender de tê-lo cometido.

Após se **arrepender**, inicia uma **auto-análise** do erro, buscando examiná-lo, isto é, refletir sobre o motivo pelo qual cometeu aquela ação equivocada, o que o levou a agir com desamor, para poder **aprender** com o erro.

Percebamos, com isso, que o erro faz parte da didática divina, pois do contrário, Ele nos teria criado perfeitos para não errarmos. Se buscarmos sempre no erro cometido um **aprendizado**, estaremos evoluindo, tanto com os acertos, quanto com os erros. No final, o que conta sempre é a evolução do ser humano na busca da sua iluminação.

Após ter buscado **aprender** com o erro, é necessário iniciar ações de **reparação**. A **ação responsável** diante da vida exige que reparemos o desamor, transformando tal atitude em atos de amor.

Portanto, o **autoperdão** não é uma simples anulação do erro de forma fácil, como muitos pensam, mas uma ação consciente que **requer responsabilidade, arrependimento**, muita **auto-análise, aprendizado, e reparação**, buscando praticar ações amorosas diante da vida que vão substituindo, gradativamente, o desamor e o pseudo-amor que existem em nós, por amor, transformando as energias egóicas em energias essenciais *("seus muitos pecados lhe são perdoados, porque muito amou")*.

Este é o movimento interno que propicia o autoperdão,

consoante o que vimos no Capítulo 1 a respeito do *jugo suave* e do *fardo leve*. Quem não se perdoa carrega o fardo pesado da culpa desnecessariamente, como também se não perdoa os outros, carrega o fardo pesado do ressentimento, da mágoa e do ódio inutilmente. A vida se torna insuportável.

No entanto, se o indivíduo assumir a mansidão e a humildade preconizadas por Jesus, poderá se dar, oportunidade, a possibilidade de refazer o caminho através do autoperdão: *"Vinde a mim, todos os que estais cansados e oprimidos, e eu vos aliviarei. Tomai sobre vós o meu jugo, e aprendei comigo, que sou manso e humilde de coração, e encontrareis descanso para a vossa alma. Porque o meu jugo é suave, e o meu fardo é leve."*, Mateus, 11:28 a 30.

Façamos uma analogia para facilitar o entendimento destes três processos: **culpismo**, **desculpismo** e **ação responsável**.

Suponhamos que, à cada reencarnação, recebêssemos do Criador, um canteiro com uma terra muito fértil para plantar flores, durante toda a nossa vida. Nascemos já com as sementes das flores, mas ao invés de plantá-las, arranjamos sementes de espinhos e as semeamos, enchendo o nosso canteiro de espinheiros.

E vamos plantando os nossos espinhos, até que chega um dia em que olhamos para trás e percebemos todo aquele espinheiro. Podemos ter três atitudes diferentes diante daquele espinheiro.

A pessoa que cultiva o culpismo, devido ao remorso de não ter plantado as flores que deveria, simplesmente se condena a deitar e rolar no espinheiro para se punir, macerando o próprio corpo de modo a tentar aliviar a consciência.

Aquela outra que cultiva o desculpismo começa a dizer que foi o vento que trouxe as sementes de espinhos, ou que alguém entrou ali e os plantou, que ela não tem nada a ver com isso, etc.

Já quem busca a ação responsável, ao perceber o espinheiro, assume tê-lo plantado, arrepende-se do fato. Mas ela percebe que as sementes das flores continuam em suas mãos, e que pode começar a plantá-las, agora que está mais consciente. Ao mesmo tempo sabe que deve retirar, um a um, todos os espinhos plantados e plantar uma flor no seu lugar. É verdade que ao retirar os espinhos, ela pode se machucar, mas é um processo diferente do ferimento voluntário e inútil que acontece no processo de culpa. *"Em verdade vos digo que de maneira nenhuma sairás dali enquanto não pagares o último ceitil".* Vejamos as três atitudes. Na primeira: de que adianta cravar os espinhos plantados na própria carne? O que acontece quando essa pessoa faz isso? Os espinhos diminuem de quantidade quando ela assim o faz? Esse é o mecanismo do culpismo, completamente inútil.

A pessoa tenta substituir os atos de desamor praticados à vida, com mais desamor para consigo mesma, achando que, assim procedendo, estará se libertando. Ao contrário, estará cometendo erros ainda mais graves, que a impedem de realizar os atos amorosos que necessita. Enquanto ela sofre, o espinheiro continua do mesmo tamanho e o canteiro permanece esperando o plantio das flores.

Já aquela que finge que o espinheiro não tem nada a ver com ela, também posterga o despertar da consciência, que mais cedo ou mais tarde irá se manifestar. Muitas vezes, por agir assim, continua plantando mais espinhos.

Percebamos que somente a última proposta é eficaz, é uma atitude proativa. Pois, ao assumir a responsabilidade pelos espinhos plantados, arrepender-se e buscar substituí-los pelas flores, a pessoa realiza aquilo que o Criador espera dela: que ela cresça tanto com os erros, quanto com os acertos.

Essa é a proposta ensinada por Jesus: que substituamos os nossos pecados (erros) por amor e não tornemos a pecar (errar), conforme recomendou à Maria de Magdala, na passagem referida por Lucas no Capítulo 7, vv. 37 a 50.

Somente cultivando o auto-amor é que iremos evoluir, e não odiando a nós mesmos no processo de culpa. Quem se auto-ama se enche de felicidade, cultivando as flores de amor para embelezar a própria e a vida de outras pessoas, e todo o Universo se felicita com ela.

Essa proposta dá trabalho. Ser feliz é trabalhoso, por isso a maioria das pessoas cultiva a culpa e a desculpa. Mas, cedo ou tarde, todos despertaremos para esse mecanismo produtivo de auto-renovação, buscando, com o cultivo do amor e da felicidade, auxiliar o Universo a crescer.

O perdão aos outros será sempre conseqüência da auto-responsabilidade e do autoperdão, geradores da tolerância e compaixão para com os outros.

Quem é extremamente rigoroso consigo mesmo, julgando-se, condenando-se e punindo-se, também o faz com os outros.

Por isso Jesus, várias vezes, nos chamou atenção para a questão do julgamento que é nocivo tanto para si mesmo, quanto para os outros. Vejamos várias passagens do Evangelho que abordam a questão:

Mateus, Capítulo 7, vv. 1 e 2:

Não julgueis, para que não sejais julgados, porque com o juízo com que julgardes sereis julgados, e com a medida com que tiverdes medido vos hão de medir a vós.

Lucas, Capítulo 6, vv. 36 a 38:

Sede, pois, misericordiosos, como também vosso Pai é misericordioso.

Não julgueis, e não sereis julgados; não condeneis, e não sereis condenados; soltai, e soltar-vos-ão.

Dai, e ser-vos-á dado; boa medida, recalcada, sacudida

*e transbordando vos darão; porque com a mesma
medida com que medirdes também vos medirão de novo.*

Mateus, Capítulo 18, vv. 21 a 35:
*Então, Pedro, aproximando-se dele, disse: Senhor, até
quantas vezes pecará meu irmão contra mim, e eu lhe
perdoarei? Até sete?
Jesus lhe disse: Não te digo que até sete, mas até
setenta vezes sete.
Por isso, o Reino dos céus pode comparar-se a um certo
rei que quis fazer contas com os seus servos; e,
começando a fazer contas, foi-lhe apresentado um que
lhe devia dez mil talentos.
E, não tendo ele com que pagar, o seu senhor mandou
que ele, e sua mulher, e seus filhos fossem vendidos,
com tudo quanto tinha, para que a dívida se lhe
pagasse.
Então, aquele servo, prostrando-se, o reverenciava,
dizendo: Senhor, sê generoso para comigo, e tudo te
pagarei.
Então, o senhor daquele servo, movido de íntima
compaixão, soltou-o e perdoou-lhe a dívida.
Saindo, porém, aquele servo, encontrou um dos seus
conservos que lhe devia cem dinheiros e, lançando mão
dele, sufocava-o, dizendo: Paga-me o que me deves.
Então, o seu companheiro, prostrando-se a seus pés,
rogava-lhe, dizendo: Sê generoso para comigo, e tudo te
pagarei.
Ele, porém, não quis; antes, foi encerrá-lo na prisão, até
que pagasse a dívida.
Vendo, pois, os seus conservos o que acontecia,
contristaram-se muito e foram declarar ao seu senhor
tudo o que se passara.*

*Então, o seu senhor, chamando-o à sua presença, disse-
lhe: Servo malvado, perdoei-te toda aquela dívida,
porque me suplicaste.
Não devias tu, igualmente, ter compaixão do teu
companheiro, como eu também tive misericórdia de ti?
E, indignado, o seu senhor o entregou aos
atormentadores, até que pagasse tudo o que devia.
Assim vos fará também meu Pai celestial, se do coração
não perdoardes, cada um a seu irmão, as suas ofensas.*

João, Capítulo 7, v. 24 e Capítulo 8, vv. 15 e 16:
*Não julgueis segundo a aparência, mas julgai segundo
a reta justiça.
Vós julgais segundo a carne, eu a ninguém julgo.
E, se, na verdade, julgo, o meu juízo é verdadeiro,
porque não sou eu só, mas eu e o Pai, que me enviou.*

Nestas passagens do Evangelho fica muito claro que o
julgamento que fazemos é fruto das máscaras que carregamos, pois julgamos segundo a aparência, com a nossa visão
equivocada de que todo erro merece julgamento, condenação
e punição, ao invés de reparação.

Quando entramos nesse movimento de julgamento, condenação e punição ficamos entregues às tormentas *(entregou
aos atormentadores)* dos sentimentos egóicos até que nos dis-
ponhamos a julgar segundo a reta justiça.

O que são esses atormentadores a que Jesus se refere?
Se levarmos ao pé da letra, dá impressão de que Deus irá nos
punir se não perdoarmos. *"Assim vos fará também meu Pai
celestial, se do coração não perdoardes, cada um a seu irmão,
as suas ofensas".*

Mas não é isso o que Ele quis nos dizer. Vamos analisar
a questão no aspecto simbólico e psicológico. Deus criou a Lei

de Amor e todas as vezes que a descumprimos, somos entregues aos atormentadores que existem em nós mesmos.

Quando nos julgamos, condenamos e punimos, ficamos entregues aos *atormentadores* chamados *remorso* e *culpa*. Todas as pessoas que já experimentaram estes sentimentos, sabem que são intensamente tormentosos, e que só desaparecerão quando nos propiciarmos o arrependimento gerador do autoperdão.

Da mesma maneira quando julgamos, condenamos e queremos punir os outros devido a ações que possam ter praticado conosco, somos tomados pelos *atormentadores* chamados *melindre, mágoa* e *ressentimento*. Esses atormentadores nos ferem intensamente, representando um grande ato de desamor, não só para os outros, mas principalmente para nós mesmos. Essa tormenta só cessará com o perdão às ofensas.

A medicina moderna coloca hoje tanto o remorso, quanto o ressentimento, como grandes causadores de doenças físicas e emocionais como câncer, depressão, ansiedade, pânico, mal de Alzhimer, dentre outras. São os atormentadores a que se refere Jesus que estarão nos convidando, pelo sofrimento, a voltar ao amor que nos afastamos.

Por isso o perdão, tanto a si mesmo, como aos outros, representa um grande ato de auto-amor, pois nos liberta de todos esses sentimentos atormentadores.

Quando Jesus diz: *"Vós julgais segundo a carne, eu a ninguém julgo. E, se, na verdade, julgo, o meu juízo é verdadeiro, porque não sou eu só, mas eu e o Pai, que me enviou",* está se referindo ao juízo verdadeiro, exercido com compaixão, que leva a compreender a ignorância de quem erra e permite que o erro seja reparado, conforme vimos anteriormente.

É assim que Deus nos trata, conforme vimos na parábola acima, com profunda compaixão, nos permitindo a bênção das várias vidas sucessivas, para repararmos todos os nossos erros até alcançarmos a perfeição relativa e O compreendamos, em Espírito e Verdade. Por isso é tão necessário o desenvolvimento da compaixão para nós mesmos e para com os outros. O sentimento de compaixão nos leva a tratar os outros como gostaríamos de ser tratados.

Se errarmos, queremos que nossos erros sejam compreendidos pelos outros. Da mesma forma o sentimento de compaixão nos leva a aceitar os outros como são, com suas qualidades essenciais e com seus defeitos egóicos, e a compreender que os seus erros, por se originarem no ego, são fruto da ignorância, assim como os nossos.

Esse pensamento nos aproxima dos outros, nos colocando no mesmo patamar de humanidade, nos possibilitando o perdão aos outros, assim como nos propicia o autoperdão.

É essa a cultura da responsabilidade e do perdão na qual colocamos em prática as tríades preconizadas por Jesus: jugo do amor, mansidão e humildade e conseguimos desenvolver a solidariedade e tolerância, colocadas por Allan Kardec.

Por isso, é tão importante desenvolver essa cultura em nossa vida como um todo, e também no movimento espírita, substituindo a cultura da culpabilidade, na qual tendemos a buscar culpados por erros cometidos nas tarefas do dia-a-dia, ao invés de buscarmos desenvolver a responsabilidade e o aprendizado através do erro, de modo a aperfeiçoarmos, cada vez mais, a nós mesmos e o trabalho que somos chamados a desenvolver.

Fundamental, portanto, que todos os tarefeiros do movimento espírita, em cumprimento ao convite que Jesus faz: *"Sede perfeitos"*, busquem o próprio aperfeiçoamento, desenvolvendo a cultura da responsabilidade e auxiliem os demais companheiros de ideal a fazerem o mesmo.

QUESTÕES PARA REFLEXÃO:

1 – Qual a origem da cultura de culpa tão presente na sociedade ocidental?

2 – Que dificuldades essa cultura gera?

3 – Como podemos compreender os conceitos do culpismo e do desculpismo?

4 – Em que consiste o movimento da ação responsável, gerador do autoperdão?

5 – Em que consiste o movimento da ação responsável, em relação aos outros, gerador do aloperdão?

EXERCÍCIO VIVENCIAL:
DESENVOLVENDO A CULTURA DA AÇÃO RESPONSÁVEL

1. *Coloque uma música suave e relaxante, feche os olhos e busque relaxar todo o seu corpo, da cabeça aos pés. Para facilitar o relaxamento você pode contrair a musculatura da face e membros superiores e relaxar por três vezes.*

2. *Agora reflita sobre como você lida com os movimentos da culpa e da desculpa. Qual deles é mais forte em você?*

3. *Que ações você pode realizar para transformar esses movimentos?*

4. *Que ações você pode implementar para desenvolver a ação responsável, trabalhando em seu dia-a-dia o autoperdão e o perdão aos outros?*

5. *Anote as suas respostas.*

CAPÍTULO 4

DESENVOLVENDO HABILIDADES PARA O APRIMORAMENTO DA LIDERANÇA E DO TRABALHO NO BEM

*C*OMO VIMOS NO CAPÍTULO ANTERIOR, em seus vários subcapítulos, muitos equívocos são cometidos no movimento devido à ignorância dos princípios básicos da Doutrina Espírita, seja na esfera do não-saber ou a do não-sentir.

Para que superemos essa ignorância é preciso que meditemos profundamente nos postulados espíritas, conforme analisamos, para poder conhecê-la em profundidade, de forma que possamos fazer exercícios constantes para senti-la em nossos corações e, assim, vivenciá-la realizando a tríade proposta pela mentora Joanna de Ângelis: qualificar, humanizar e espiritizar o movimento espírita, revivendo, então, as tríades propostas por Jesus: amor, mansidão e humildade e por Kardec: trabalho, solidariedade e tolerância.

Neste capítulo estaremos abordando técnicas e reflexões específicas que estarão auxiliando os dirigentes e trabalhadores das Casas Espíritas a exercitarem essas tríades, realizando, com isso, a tarefa da condução de um movimento espírita que seja fiel aos princípios codificados por Allan Kardec, revivendo o Cristianismo puro e cristalino que nos legou Jesus.

4.1. A PRÁTICA DA MANSIDÃO E DA TOLERÂNCIA NO MOVIMENTO ESPÍRITA

STAREMOS ANALISANDO, A SEGUIR, como praticar a mansidão e a tolerância que recomendam Jesus e Kardec no movimento espírita.

Inicialmente estudemos o conceito do que vem a ser mansidão e tolerância, numa abordagem psicológica profunda, para que não incorramos no erro de confundir essas virtudes com outros sentimentos que se constituem pseudovirtudes.

Como é mais fácil praticar o pseudo-amor do que o amor, muitas vezes transformamos virtudes legítimas, recomendadas pelos nossos luminares, em posturas mascaradas como as que já estudamos no capítulo anterior.

Vejamos a definição de mansidão e tolerância do dicionário Aurélio:

Mansidão: 1. qualidade ou condição do que é manso 2. Índole ou procedimento pacífico de quem é manso; brandura. 3. Serenidade, tranqüilidade, calma.

Tolerância: 1. Qualidade de tolerante, indulgente. 2. Ato ou efeito de tolerar, indulgência. 3. Tendência a admitir modos de pensar, de agir e de sentir que diferem dos de um indivíduo ou de grupos determinados, políticos ou religiosos.

Jesus, muitas vezes, nos ensinou o verdadeiro significado da mansidão e da tolerância, sendo Ele a perfeita personificação da brandura, da indulgência, da serenidade. Jesus era extremamente pacífico, mas jamais foi passivo. Muitas vezes confundimos mansidão e tolerância com passividade, acreditando que precisamos aceitar todas as deficiências dos outros para sermos tolerantes. Muitas vezes fechamos os olhos às deficiências dos outros, e com esse movimento acabamos contemporizando com o mal, a pretexto de sermos mansos e tolerantes.

Se estudarmos toda a vida de Jesus nos Evangelhos, podemos perceber que, em momento algum, Ele tergiversou com mal, bem como Allan Kardec em todos os momentos de sua vida.

Em várias passagens do Evangelho Ele coloca, de maneira bem enérgica, a verdade. Analisadas superficialmente podemos acreditar que Jesus estava sendo agressivo, mas na verdade Ele continuava sereno como sempre, na mesma postura de mansidão, mas sem compactuar com o mal, jamais.

Vemos essa conduta com os escribas e fariseus que Ele chama de hipócritas em várias ocasiões, com os vendilhões do Templo, mas especialmente vemos a Sua energia quando um dos servidores do palácio de Anás, sumo sacerdote de Jerusalém, o bateu, pouco antes da crucificação, conforme anotação de João, 18:22 e 23:

"E tendo dito isto, um dos servidores que ali estavam, deu uma bofetada em Jesus, dizendo: Assim respondes ao sumo sacerdote? Respondeu-lhe Jesus: Se falei mal, dá testemunho do mal; e se bem, por que me feres?".

Ele que já havia falado para dar a outra face quando alguém nos batesse, conforme anotação de Mateus, 5:39: *"Eu, porém, vos digo que não resistais ao mal; mas, se qualquer te bater na face direita, oferece-lhe também a outra"* não faz isso nesse momento, porque estaria compactuando com o erro.

Muitos interpretam esse "dar a outra face" ao pé da letra e se tornam passivos a pretexto de exercitarem a mansidão. É preciso interpretar o "dar a outra face" no aspecto simbólico, significando responder o mal com o bem, o desamor com o amor e não com o pseudo-amor. Responder o desamor da agressividade com o amor da mansidão e da tolerância, jamais como o pseudo-amor da passividade.

Se Ele deixasse o servo bater nele passivamente sem falar nada, estaria sendo conivente com o mal e isso não é a outra face, é responder ao desamor com pseudo-amor e essa é uma postura que jamais Jesus teve.

Fundamental, portanto, na prática da mansidão e da tolerância, ver os outros de maneira integral, com as suas qualidades essenciais e com os seus sentimentos egóicos negativos, de modo a não sermos permissivos com o mal, desenvolvendo a prudência no relacionamento interpessoal, conforme orientação de Jesus anotada por Mateus, 10:16: *"sede prudentes como as serpentes e inofensivos como as pombas".*

Se agirem mal conosco, ou nas atividades às quais estamos liderando, respondamos com a energia amorosa, sem agredir ninguém, mas também sem permissividade com o mal, fazendo de conta que nada aconteceu. A ação amorosa é, verdadeiramente, dar a outra face que Jesus preconiza.

Uma vez estudado o conceito de mansidão e tolerância, vamos estudar uma técnica para desenvolver essas duas importantes virtudes, bem como qualquer virtude que queiramos obter.

Para poder exercitar a mansidão e a tolerância com os companheiros de ideal no movimento espírita é preciso desenvolver esses sentimentos em nós mesmos, porque ninguém pode dar aos outros aquilo que não tem.

Elaboramos uma técnica para que possamos obter, de forma prática, as virtudes preconizadas por Jesus, desenvolvendo-as no coração, conforme a sua orientação. Denominamos está técnica de **P.A.R.D.A.**, na qual retiramos as iniciais das palavras a serem utilizadas na ação de mudança, para dar-lhe um nome e facilitar a sua memorização.

Trata-se de uma técnica para ser utilizada em inúmeras situações de nossa vida, nas quais há uma necessidade de conscientização de processos automáticos que dificultam a prática do amor em nós mesmos.

Normalmente vivemos inconscientes de nossas ações, daí a necessidade de vigilância proposta por Jesus, conforme anotação de Mateus, 26:41: *"Vigiai e orai, para que não entreis em tentação"*. A vigilância é uma condição imprescindível para que não caiamos nas tentações de nosso próprio ego, e a técnica **P.A.R.D.A.** se constitui um método para exercitar a vigilância.

Só podemos mudar aquilo que reconhecemos em nós mesmos. Se algo em nós é motivo de tentação, isto é, alguma coisa que nos leva a agir com desamor ou pseudo-amor, é necessário tomar consciência disso (vigilância) para podermos, com o auxílio de Deus (oração), nos libertar.

Técnica **P.A.R.D.A.** para exercitar o amor, a mansidão, a humildade, a caridade, a tolerância, a solidariedade e outras virtudes do coração.

P – PERCEPÇÃO: é o primeiro passo no processo da vigilância, pois não podemos mudar algo que não percebemos. Para cultivarmos pensamentos e sentimentos amorosos é preciso **perceber**, de forma plena e consciente, a nós mesmos. Neste item é importante estarmos atentos às seguintes questões:

julgamento de certo ou
cultura, devido aos pro-
ípios judaico-cristãos de-
ıpítulo anterior, de julgar-
a, maniqueísta[14], pecado/

ıcem todas as vezes que
o distanciamento do amor,
ılação a eles, observando-
ıformá-los.
ınto de valor, ao invés de
vimos no capítulo anterior,
a desculpa, que nos distan-

ıer fruto de uma observação

necessário que nos vejamos
como Seres Essenciais, ..., simples e ignorantes em processo de evolução, que têm o direito de errar para evoluir.

Essa atitude de nos vermos em essência, vai nos ajudar
a perceber que temos um ego, mas que somos mais do que
ele. Todos os seres humanos possuem um ego e por isso temos pensamentos, sentimentos e comportamentos egóicos,
negativos.

Esse movimento egóico nos leva a fazer coisas negativas, tanto para nós, quanto para os outros. A observação amorosa de nós mesmos nos levará, apenas, a classificar os nossos movimentos em egóicos, portanto negativos, necessitando

---

[14] *Maniqueísmo* – Doutrina do persa Mani, segundo a qual o
Universo foi criado e é dominado por dois princípios antagônicos
e irredutíveis: Deus, ou o bem absoluto, e o mal absoluto, ou o
Diabo.

de transmutação, de reparação e não de julgamento, ou em essenciais com cujas qualidades estaremos transmutando o movimento egóico.

Todos, em maior ou menor grau, nos encontramos nas mesmas condições, por isso necessitamos que vejamos, tanto nós mesmos quanto os outros, com compaixão, como o Pai recebeu o Filho Pródigo, no qual vamos ver que, por trás do erro existe um ser humano desejando acertar, mesmo que ele ainda não tenha consciência disso, constituindo esse pensamento a essência da tolerância.

Portanto, o sentimento amoroso da compaixão em substituição ao julgamento, vai nos auxiliar a aceitar a nós mesmos como somos e os outros como eles são, compreendendo as atitudes egóicas que temos e que os outros têm.

Essa atitude é o que nos proporciona levar a vida com mais leveza, em consonância ao que estudamos anteriormente acerca do jugo suave e do fardo leve.

É, também, o princípio que vai nos conduzir ao alo-amor, pois nos leva a sermos tolerantes com os erros dos outros.

Outro ponto importante é analisar o movimento que temos em relação à idealização e realização. É necessário perceber a diferença existente entre o Eu idealizado e o Eu real, como vimos no Capítulo 3.2.

Perceber que não somos nem pessoas perfeitas, nem pessoas execráveis. Por isso a compaixão é tão importante, pois nos leva, apesar de nossas imperfeições, a buscarmos o melhor para nós mesmos, dentro da realidade possível.

A realidade para nós não é possível de ser perfeita, ideal, ainda, mas é passível de ser aperfeiçoada a cada instante, na qual se busca sempre um ideal a ser realizado. O real vai estar cada vez mais próximo do ideal, quanto maior for o nosso esforço.

É necessário todo um exercício da vontade com persistência, perseverança para tornarmos cada vez mais o real, ideal e o ideal passível de ser realizado.

♦ A PERCEPÇÃO NA RELAÇÃO COM OS OUTROS

Para cultivarmos relacionamentos equilibrados, nos quais exercitamos a mansidão e a tolerância, o primeiro passo é percebermos, de forma plena e consciente, a nós mesmos e a maneira como nos relacionamos com outras pessoas. Existem várias questões que devem ser apreciadas no item percepção, na relação com o outro, para que possamos desenvolver a mansidão e a tolerância.

É necessário perceber a diferença existente entre o outro idealizado e o outro real, assim como existe o Eu idealizado e o Eu real, já estudados.

Vejamos os conceitos:

Outro idealizado: a forma como eu *penso* que os outros são ou deveriam ser; como eu idealizo o outro.

Da mesma forma como no *eu idealizado*, idealizamos as pessoas melhores ou piores do que são realmente.

Normalmente idealizamos as pessoas que convivem conosco mais proximamente com qualidades que elas deveriam ter, ou que gostaríamos que elas tivessem na relação conosco, como também com defeitos que elas não deveriam ou que não gostaríamos que elas tivessem conosco.

Outro real: a forma como o outro é realmente; uma pessoa com qualidades e defeitos, como todas as demais, e que, por isso, não tem formas perfeitas, ideais de se relacionar com os outros.

Quando uma pessoa diz assim: *"Eu me decepcionei com Roberto; ele não é como eu imaginava"*, está expressando o conflito entre o outro idealizado que ela imaginava e a pessoa real que convive com ela.

Imaginemos os grandes conflitos de relacionamento que surgem a partir destas diferenças entre ideal e real.

Portanto, é necessário perceber que não existem pessoas perfeitas, prontas para se relacionar conosco e que também não somos perfeitos.

Por isso a compaixão e a tolerância são tão importantes, pois nos levam, apesar de nossas imperfeições, a termos excelentes relacionamentos uns com os outros, dentro da **realidade** possível.

O relacionamento entre nós não é possível de ser perfeito, ideal, ainda, mas é passível de ser aperfeiçoado a cada instante, na qual se busca sempre um *ideal* a ser *realizado*.

O real vai estar cada vez mais perto do ideal, quanto maior for o nosso esforço. É necessário todo um exercício da vontade com persistência, perseverança para tornarmos cada vez mais o real, ideal e o ideal passível de ser realizado.

Outra questão importante, no item percepção, é observar como é a nossa relação de poder em relação aos outros.

No relacionamento interpessoal estaremos lidando, necessariamente, com o poder.

Há todo um movimento, em nossa cultura, no sentido de se modificar as características das pessoas que convivem conosco, de uma forma ou de outra, e essa postura nos leva a exacerbar no uso do poder que temos na relação uns com os outros. Perceber o nosso movimento para corrigi-lo é fundamental na prática da mansidão e da tolerância.

Estudaremos a seguir as formas de se exercer o poder, três negativas, as egóicas reativas da **prepotência** e da **onipotência** e a passiva da **impotência**, que geram conflitos na relação com os outros e uma positiva, essencial proativa, a **potência**, que possibilita a prática da mansidão e da tolerância.

Vejamos os conceitos de cada uma delas:

Prepotência é o uso da força sobre o outro que é subjugado. A pessoa prepotente se *idealiza* superior aos outros e, por isso, força a submissão da outra que ela *pensa* ser inferior. Ela faz com que a outra pessoa mude a sua maneira de ser para atender às suas vontades.

Onipotência é o movimento no qual uma pessoa pensa que tem um superpoder e, por isso, tem uma tendência de querer fazer as escolhas e viver a vida pelo outro, evitando que a outra pessoa passe pelas experiências, muitas vezes, necessárias ao seu próprio crescimento. Há uma interferência na vida do outro. A pessoa onipotente, consciente ou inconscientemente, se idealiza mais inteligente, mais capaz do que o outro e, por isso, deseja direcionar a sua vida.

São movimentos intimamente associados. Toda pessoa prepotente se acredita onipotente e vice-versa.

São pessoas que querem controlar a tudo e todos, devido ao seu *complexo de superioridade*, que surge do orgulho, constituindo-se uma reação ao *complexo de inferioridade* que toda pessoa prepotente/onipotente possui.

Psicologicamente esse movimento é, em um nível profundo, a tentativa da criatura se igualar ao Criador, único verdadeiramente Onipotente, daí a sua origem no complexo de inferioridade. A pessoa se sente inferior e tenta, de todas as maneiras, acabar com esse sentimento desenvolvendo a pseudo-superioridade.

Por isso, tanto a prepotência, quanto a onipotência, são um falso poder sobre o outro, porque ninguém tem o poder de viver a vida pelo outro, de fazer com que o outro mude, de fazer as suas escolhas, de subjugar verdadeiramente o Eu do outro.

O que acontece normalmente com o outro é se rebelar

ou se submeter exteriormente, e mais dia, menos dia, busca se libertar do jugo do prepotente/onipotente.

Normalmente quando a pessoa não consegue, por algum motivo, exercer a prepotência ou a onipotência que exercia, ou que gostaria de exercer, entra na polaridade passiva do ego, caracterizada pela **impotência**.

O indivíduo que quer controlar tudo e todos e pensa que é capaz de tudo, ao obter como resultado o contrário, reage de forma oposta ao movimento que vinha ocorrendo até então. Passa a pensar que não pode nada, que não é capaz de controlar nada, que não consegue nada na vida, etc., gerando a **impotência**.

Impotência: forma egóica passiva de se exercer o poder. É um movimento caracterizado pela suposta incapacidade de se exercer o poder. A pessoa impotente idealiza-se incapaz de exercer qualquer atividade que venha atuar na vida do outro.

A impotência acontece, quase sempre, após uma tentativa frustrada de ação prepotente ou onipotente.

Uma outra forma de se exercer a impotência é acreditar que os outros têm o poder sobre nós.

Por exemplo, uma pessoa que diz: *"fulano me deixa irritada"*, *"você me faz sentir um idiota"*, *"você me deixa triste"*, está atribuindo ao outro um poder que ele não tem: o de nos fazer sentir de uma forma, ou de outra.

Na realidade o outro pode estimular, com sua atitude, crenças, sentimentos e comportamentos negativos, mas que são nossos e, por isso, somos responsáveis por eles. Atribuir poder ao outro sobre o que pensamos e sentimos, é assumir o não controle diante do processo.

Podemos resumir essa atitude através do seguinte pensamento oculto, mas que expressa a impotência: *"se é ele que me deixa irritado eu não posso fazer nada com relação a isso".* Ao contrário, se admitirmos que a irritação é nossa, e que fomos nós que a produzimos, assumimos o poder real de nos libertar dela. Nas colocações anteriores, para assumir a realidade e não a fantasia, a pessoa deveria dizer assim: *"eu me sinto irritada com a atitude de fulano"*, *"eu me sinto um idiota quando você faz isso"*, *"eu me sinto triste quando você tem essa atitude".* Tendo estes pensamentos e não aqueles, colocados antes, ela assume o poder de mudar tudo isso e não atribui ao outro o poder que o outro não tem, que é o de decidir o que ela deve sentir.

Portanto, a impotência também é uma forma falsa de se exercer o poder, pois ninguém é tão incapaz para não ter poder nenhum.

As formas egóicas de relacionamento são uma manifestação falsa de poder, porque a referência é externa à pessoa que manifesta o poder. Enquanto nos movimentos egóicos a referência de poder é o outro, *(prepotência: mandar na vida do outro, subjugando-o; onipotência: direcionar a vida do outro, interferindo nela; impotência: incapacidade total em relação à vida do outro ou à influência que o outro tem)* no movimento essencial proativo a referência é a própria pessoa.

Vejamos as suas características:

Potência (poder real): forma essencial proativa de se exercer o poder. A referência de poder é interna.

A pessoa exerce o poder, transformando a sua própria vida para melhor. Em virtude disso, serve como exemplo de mudança.

Na relação com o outro usa o seu poder para orientar, assessorar, colaborar com o outro, caso este o queira, para que ele adquira as experiências e viva a sua vida da melhor maneira possível.

É a única forma de poder possível de ser realizado, pois, leva em consideração o *"eu real"* e o *"outro real"*.

Na forma essencial proativa a pessoa exerce o poder de mudar a própria vida, sem querer mudar a vida do outro. Ao atuar assim, estará, indiretamente, convidando o outro a mudar, se for o caso.

A – ACEITAÇÃO: a partir da percepção é necessário aceitar plena, amorosa e incondicionalmente, os movimentos egóicos, geradores das tentações e que nos impedem de sermos equilibrados.

Aqui nos deparamos com um sentimento egóico muito comum que é o orgulho, manifesto ou disfarçado. Esse movimento egóico nos impede de aceitarmos e, muitas vezes, até de percebermos as nossas limitações.

Criamos, através do orgulho, o *Eu ideal mascarado, fantasioso,* esse o maior obstáculo à prática do amor, porque, com esse movimento, não aceitamos que existam em nós sentimentos negativos a serem transmutados.

A aceitação é uma virtude proativa, que requer uma atitude de humildade para reconhecer as nossas limitações. É preciso aceitar que somos pessoas ainda imperfeitas. Todos temos, em algum grau, imperfeições a serem trabalhadas, mas temos também em nossa essência todo o potencial para nos libertarmos dessas imperfeições ao longo do tempo.

Por isso, são necessárias a humildade e a compaixão para aceitar as próprias limitações.

Importante, porém, é não confundir aceitação com acomodação, esta uma atitude passiva, na qual a pessoa se acomoda com suas imperfeições sem, contudo, fazer nada para transformá-las.

Acomodar-se é "aceitar" as próprias imperfeições e a nossa impotência em modificá-las. Essa atitude é inaceitável, pois nos identifica com as limitações. O que precisamos aceitar é a nossa condição de seres em evolução com defeitos e qualidades, mas que estamos aqui para transformar, gradativamente, os sentimentos egóicos negativos em virtudes essenciais.

Devido a sua proatividade, a partir da aceitação de suas limitações como uma necessidade a ser atendida, é essencial se questionar: *O que eu posso realizar para mudar esse sentimento que me impede a prática da tolerância?*

♦ ACEITAÇÃO NA RELAÇÃO COM O OUTRO

Com relação ao outro criamos, como vimos acima, a partir do orgulho, o *Eu ideal* e o *outro idealizado*. *Eu sou melhor e o outro pior.* Há uma tendência de atribuir os próprios problemas aos outros. A pessoa coloca o problema fora dela para fugir dele.

Na relação com o outro é preciso analisar que todos estamos nas mesmas condições, que não existem pessoas perfeitas, melhores do que outras. O que varia são as possibilidades e os potenciais já desenvolvidos de cada um, mas todos temos, em algum grau, imperfeições a serem trabalhadas.

Fundamental, também, é não confundir aceitação com a acomodação aos movimentos negativos dos outros, gerador da falsa tolerância, como analisamos no início do capítulo.

A acomodação gera a permissividade, na qual "aceitamos" tudo que vem dos outros como se isso fosse uma virtude, dispensando a prudência que Jesus nos recomenda. Essa postura é típica do pseudo-amor.

A aceitação do outro é aceitar a pessoa de forma integral com uma essência e um ego, sabendo que na essência de todos existe o amor divino a ser desenvolvido e que, quando a pessoa que se relaciona a nós pratica ações equivocadas, ela não deixa de ser essa essência divina.

Isso faz com que separemos a pessoa da atitude equivocada praticada por ela. Ela é boa em essência e nesse nível deve ser aceita, mas a atitude dela é inaceitável, pois, aceitar os equívocos é usar de conivência e não está em conformidade com a proposta cristã. Essa postura de aceitar o outro em essência é que gera a verdadeira tolerância.

Na relação com o outro é preciso também aceitar que o único poder real que temos é o de transformar as nossas limitações e nunca as dos outros, conforme analisamos acima na relação de poder.

Por isso na prática da mansidão e tolerância no movimento espírita, como em todas as formas de relacionamento que mantivermos, é fundamental que centremos em nós mesmos a melhoria do relacionamento, a partir da transformação de nossas dificuldades interiores, pois esse é o poder real que temos sem jamais compactuar com o erro. É essencial se perguntar sempre, diante de um conflito de relacionamento: *"o que eu posso realizar para mudar o sentimento egóico X que possuo e interfere no meu relacionamento com tal pessoa?"*

R – REFLEXÃO: nesta fase do processo estaremos respondendo à questão anterior. É necessário refletir, plena e conscientemente, sobre todas as questões que foram percebidas na fase da percepção, sobre os autojulgamentos que fazemos, as idealizações fantasiosas, o orgulho que mantemos, etc.

A reflexão irá proporcionar a identificação das distorções, de modo que possamos saber o que mudar e como ressignificar o movimento egóico caracterizado pelo desamor e pseudo-amor, tornando-o essencial amoroso.

Somente a partir de uma auto-análise consciente e responsável é que estaremos em condições de transmutar, gradativamente, os sentimentos egóicos que nos geram as tentações.

♦ *REFLEXÃO NA RELAÇÃO COM O OUTRO*

É importante refletir sobre o tipo de idealização que fazemos dos outros. Se colocamos o outro num pedestal no qual não está, achando que ele é melhor do que é, ou se ampliamos as imperfeições do outro, acreditando que ele é pior do que é. Após perceber e aceitar a existência de todos esses processos deve-se refletir e questionar sobre as suas distorções para poder modificá-las.

D – DECISÃO: após a reflexão é preciso tomar a decisão plena e consciente do que fazer para iniciar o trabalho de ressignificação dos nossos movimentos egóicos.

Sabemos que mudar hábitos limitadores adquiridos ao longo de nossa trajetória de vida não é uma tarefa fácil, pois, o movimento egóico torna-se um vício retroalimentado, que, por mais que seja desagradável, nos acostumamos com ele.

Os hábitos nascem primeiro nos pensamentos (idealizado) geradores dos sentimentos que vão se tornando, aos poucos, ações concretas no plano material (realizado).

É muito comum as pessoas refletirem sobre o que precisa ser modificado nelas e, quando chegam a uma conclusão, dizem para si mesmas: *"Um dia eu começo a me modificar"*, *"Uma hora dessas eu começo"*, numa indefinição injustificável, fato que apenas adiará, ainda mais, o processo de evolução, que se tornará cada dia mais difícil, pois se nos afastamos deliberadamente do amor, a dor surge em seu lugar.

Portanto, a ressignificação dos movimentos egóicos exige uma decisão firme no sentido de se realizar todo esforço que for necessário para poder substituir, gradativamente, esse movimento pelo movimento essencial amoroso. Devido a esta dificuldade de realizar a mudança de hábito, torna-se necessária uma vontade firme e decidida no sentido da mudança.

A – AÇÃO: uma vez tomada a decisão de mudança, torna-se essencial a ação plena e consciente para a substituição gradativa e suave do movimento egóico dificultador da prática do amor pelo movimento essencial proativo.

É importante, nesta fase, estabelecer um plano de ação, começando a se trabalhar com os movimentos egóicos mais simples e fáceis de transmutar e, à medida que vamos obtendo sucesso, buscamos outros hábitos egóicos mais enraizados em nós para, aos poucos, irmos transmutando.

Esta prática faz aumentar a confiança em nós mesmos, em nossa capacidade de transmutação, pois, ao nos libertarmos dos sentimentos egóicos menos arraigados, vamos ganhando experiência e aumentamos o grau de autoconfiança.

Com isso os hábitos egóicos vão, gradativa e suavemente, sendo substituídos pelos essenciais proativos.

Importante, porém, atentar que para o processo de mudança ser realmente efetivo, deverá ser um processo suave e leve, conforme a reflexão feita anteriormente do *"jugo suave"* e do *"fardo leve"* proposto por Jesus.

Se a mudança estiver sendo pesada, alguma coisa deve estar errada na sua realização. Em conformidade com o que diz Jesus em Mateus, Capítulo 13, v. 33: *"O reino dos céus é semelhante ao fermento, que uma mulher toma e introduz em três medidas de farinha, até que tudo esteja levedado".* Fica claro que só se obtêm o *reino dos céus*, isto é, a paz de consciência, desenvolvendo-a aos poucos.

Portanto, para se conseguir essa leveza, a ação de mudança vai passar por quatro fases:

1ª fase da mudança: as reflexões sobre um movimento egóico que se está trabalhando surgem após a sua manifestação. Deve-se aceitar o movimento e meditar, proativamente, sobre como agir para superá-lo.

Esta fase é de aprendizado, na qual a pessoa reflete sobre os seus erros e aprende com eles.

Por exemplo: uma pessoa que esteja trabalhando um movimento de irritação e raiva, muitas vezes só percebe o movimento depois que já se manifestou. Ao invés de ficar se julgando, condenando, punindo ou se justificando pelo ato praticado deve simplesmente aceitar a limitação e refletir sobre suas causas e a melhor maneira de se libertar dela na próxima vez. Com isso ela estará aprendendo com seus erros e tornando-se mais hábil em suas ações. Esse processo deverá acontecer quantas vezes forem necessárias, até a pessoa passar para a próxima fase.

2ª fase da mudança: as reflexões começam a surgir durante a manifestação do movimento egóico, possibilitando que o indivíduo possa analisá-lo melhor com o intuito de poder superá-lo.

3ª fase da mudança: as reflexões começam a surgir antes da manifestação do movimento egóico, possibilitando ao indivíduo escolher entre praticá-lo ou não.

Para esta fase do processo de mudança elaboramos uma técnica vivencial que denominamos *vigilância interior*, tendo como base o versículo: *"Vigiai e orai, para que não entreis em tentação".*

Trata-se de uma vivência para fazer o trabalho de auto-aceitação do movimento egóico, transmutação do mesmo e identificação com o Ser Essencial. É uma vivência muito simples e, ao mesmo tempo, muito profunda para ser realizada na hora em que temos dificuldades a serem transmutadas.

Ela permite ao indivíduo modificar hábitos, descondicionando os sentimentos negativos, aceitando que eles existem, mas que podem ser bem direcionados, transmutados para desenvolver os sentimentos positivos e equilibrados do Ser Essencial.

Vamos dar um exemplo, explicando como esta vivência funciona. Num primeiro momento a pessoa vai fazer o trabalho de aceitação do sentimento negativo, sem reprimi-lo, mascará-lo, ou se condenar por ele – por pior que seja este sentimento –, pois ela **está** assim, mas **é** mais do que esse estado. Novamente aqui percebemos a diferença entre o impermanente e o permanente. Por exemplo: alguém com muita raiva ou mágoa de um ente querido, afirmará: *"Um estado de raiva ou de mágoa está tentando tomar conta de mim, mas eu sou muito mais do que este estado"*.

Num primeiro momento é importante que a pessoa aceite que está sentindo raiva ou mágoa da pessoa que ela ama, sem reprimir o sentimento ou se condenar por isso, mas ao afirmar que ela é mais do que este estado, está se desidentificando do sentimento de raiva ou da mágoa, pois, por mais que ela esteja com raiva ou magoada, o sentimento de amor que está no nível do Ser Essencial continua o mesmo. O que mudou foram os sentimentos do ego que foram feridos de alguma forma.

Após esta fase de aceitação e desidentificação dos sentimentos egóicos, faz-se necessária a transmutação destes sentimentos.

Ora, se os sentimentos egóicos se originam de uma energia de desamor ou pseudo-amor, somente os sentimentos de amor presentes no Ser Essencial poderão transmutá-los.

Isto será feito através da afirmação do sentimento essencial que transmute a energia do sentimento egóico. A pessoa então dirá: *"Eu sou serena, calma, tranqüila, harmonizada"*, no caso de estar sentindo a raiva ou *"Eu consigo perdoar fulano. Eu amo fulano. Eu sinto compaixão e muito amor por fulano"*, no caso da mágoa.

Resumindo: no exemplo dado acima quando estiver prestes a se encolerizar, a pessoa pode repetir mentalmente: *"Um estado de irritação e raiva está tentando tomar conta de mim, mas eu sou muito mais do que esse estado. Eu sou calma, serena, tranqüila, harmonizada, amor, paz, luz, etc."* Estará repetindo mentalmente estas frases, até que raiva e a cólera sejam dissipadas, transmutadas.

Esta vivência pode ser efetuada para transmutar quaisquer sentimentos egóicos, sejam evidentes ou mascarados. Num primeiro momento deve-se perceber o sentimento evidente ou a máscara, depois aceitar a sua presença, desidentificar dele, conforme o exemplo, e depois afirmar os sentimentos essenciais.

Esta afirmação do essencial em nós mesmos é muito importante, porque, por mais que o ego esteja densificado pela nossa identificação com ele, não deixamos de ser quem somos, seres essenciais em evolução.

Observações importantes:

É muito comum, nesta fase de transmutação pela identificação com os sentimentos do Ser Essencial, o ego, por estar densificado pela identificação com a cólera, mágoa ou qualquer outro sentimento negativo, produzir um diálogo interno como se dissesse para a pessoa que ela *"não é nada serena, calma, tranqüila ou harmonizada"*, *"que ela está é com raiva mesmo e deve colocar essa raiva para fora"*. Ou, no caso da mágoa que ela *"não ama mais aquela pessoa"*, que ela *"tem que dar o troco"*, *"onde já se viu fazer aquilo com ela"*, etc.

Enfim, existem muitas maneiras do ego mascarar e fugir, defendendo-se do processo de transmutação. É importante não cair nesta armadilha e prosseguir com o exercício repetindo mentalmente as frases positivas, até notar que os sentimentos do ego diminuíram.

Na fase de transmutação é necessário fazer afirmações positivas, isto é, aquilo que se quer identificar e desenvolver, que são os sentimentos do Ser Essencial e não afirmações negativas, negando-se os sentimentos egóicos. Por exemplo: uma pessoa em depressão, com muita tristeza, deverá afirmar frases como estas: *"Eu sou alegre, feliz!. Eu amo a vida! Eu sou profundamente feliz e de bem com a vida!"*, etc. e não ficar dizendo frases do tipo: *"Eu não posso estar sentindo esta tristeza", "Eu não quero ficar triste assim", "Eu não posso ficar aqui deprimida"*, etc., como normalmente as pessoas fazem. Isto, ao invés de transmutar os sentimentos egóicos, os fortalecem ainda mais, ou simplesmente os mascaram.

Outro cuidado importante é evitar utilizar frases no futuro, como por exemplo: *"Eu vou ficar calmo", "eu vou ficar alegre"*, etc., porque, dentro de um ponto de vista transcendente, todos vamos nos transformar um dia, mas é preciso começar essa transformação agora, por isso é importante usar o verbo no presente.

Outro tipo de frase que deve ser evitado é esta: *"Eu tenho que ficar calmo"*, pois a expressão: **tenho que** pressupõe uma obrigação, imposição, gerando no ego um confronto, e não a transmutação.

Uma dúvida poderá estar ocorrendo agora: *"Isso não é mascarar os sentimentos negativos?"* Não, isso é transmutar estes sentimentos, através dos sentimentos existentes em forma latente no Ser Essencial.

Vejamos o exemplo da depressão visto acima. Quando a pessoa afirma aquelas frases, está permitindo que haja uma potencialização do Ser Essencial que se encontra, neste caso, muito bloqueado. Somente assim é que ela poderá superar a depressão.

Mascarar é um processo diferente. A máscara impede o contato com o Ser Essencial, que continua bloqueado. No exemplo acima, mascarar seria negar a depressão, por exemplo tomando uma droga, como a cocaína, para "superá-la", ou buscar atividades euforizantes, indo a festas ou fazer compras, gerando uma alegria falsa, que é pura euforia, e que, depois de passado o efeito do estímulo externo, faz com que a pessoa mergulhe novamente numa depressão ainda mais intensa do que a anterior. Outra questão importante com relação a esta vivência é a freqüência com que é realizada. Muitas pessoas se queixam de que ela não funciona porque fazem duas ou três vezes a repetição e como não acontece nada, segundo dizem, logo abandonam a prática do exercício. Vamos fazer uma correlação com uma metáfora para entendermos como funciona esta vivência. Comparemos a identificação com os sentimentos do ego a uma terra muito seca, a ponto de rachar, devido à falta de água. Metaforicamente é assim que fica a nossa intimidade quando nos identificamos de forma intensa com o ego. Para irrigar esta terra, precisamos de muitos litros de água. O que acontece é que não temos, ainda, um equipamento de irrigação para proporcionar toda a água que se faz necessária, temos apenas um conta-gotas (vivência da vigilância interior). Se pingarmos 2 ou 3 gotas de água naquela terra ressecada com o nosso conta-gotas, fará muito pouca diferença realmente, e será quase nada, mas se perseverarmos e pingarmos centenas, milhares de gotas, lentamente a terra seca e rachada irá se encharcando de água até se normalizar. É dessa forma que acontece com a vivência da vigilância interior. Para que faça efeito é necessário utilizá-la, muitas e muitas vezes, até que o ego seja irrigado pelas energias do amor do Ser Essencial.

4ª fase da mudança: o indivíduo começa a perceber que as manifestações do movimento egóico, ao qual ele está trabalhando, vão se tornando cada vez mais raras até a

completa efetivação da mudança, na qual as suas
manifestações já não ocorrem mais, porque se efetivou
a transmutação do sentimento egóico em um valor
essencial.

Para a maioria de nossas limitações egóicas, dificilmente chegaremos nesta fase na atual existência. É necessário aceitar essa realidade e realizar aquilo que é possível para nós no momento, de forma amorosa, pois temos todo o tempo que for necessário – a eternidade – para realizar as mudanças que necessitamos.

Esta técnica, com todas essas fases é uma forma didática para se definir a ação consciente, diferenciando-a da ação impulsiva egóica. As diferentes fases são dinâmicas. Muitas vezes não se sabe onde começa uma e termina a outra e vice-versa. Muitas vezes a pessoa, em um determinado momento, se percebe numa fase, e em outro, noutra.

O importante é saber que, para vivermos conscientes de nossas ações, é necessário um método e um esforço nesse sentido. O contrário disso é uma vida automatizada, na qual agimos de forma impulsiva e robotizada, com graves conseqüências para o nossa saúde psíquica e emocional.

QUESTÕES PARA REFLEXÃO:

1 – Em que consiste a prática da mansidão e da tolerância?

2 – O que é a técnica P.A.R.D.A. e como podemos aplicá-la no dia-a-dia?

3 – Como podemos exercer o poder na relação com os outros e que implicações tem isso em nossa vida?

4 – Como se dá a mudança de sentimentos a partir do momento em que iniciamos a sua ação?

EXERCÍCIOS VIVENCIAIS:
O PROCESSO DE MUDANÇA

APLICAÇÃO PRÁTICA DA TÉCNICA *P.A.R.D.A.*

1. *Coloque uma música suave e relaxante, feche os olhos e busque relaxar todo o seu corpo, da cabeça aos pés. Para facilitar o relaxamento você pode contrair a musculatura da face e membros superiores e relaxar por três vezes.*

2. *Agora imagine-se diante de Jesus que lhe recomenda: "Vigie e ore para não cairdes em tentação". O que representa a vigilância para você? Como você tem utilizado esse recurso que Jesus lhe recomenda?*

3. *Busque se perceber. Que sentimentos você percebe necessitando de mudança?*

4. *Que movimentos psicológicos egóicos você mantêm, que dificultam a sua vida?*

5. *Que nível de aceitação você tem exercitado com relação aos sentimentos que necessitam mudança? Que nível de aceitação você tem exercitado com relação à sua forma de ser e viver?*

6. *O que você pode realizar para aceitar mais a sua forma de ser e de viver e aos poucos ir transformando-a para melhor?*

7. *Que decisão você está disposto(a) a tomar para realizar essa mudança? Quer começar a partir de agora ou continuar de forma indefinida?*

8. *Que ações você pode praticar para realizar as mudanças que deseja?*

9. *Busque estabelecer um plano de ação de mudanças. O que você pode fazer primeiro e assim por diante...*

10. *Anote as suas reflexões.*

COMO EU ME RELACIONO COM AS PESSOAS UTILIZANDO A TÉCNICA P.A.R.D.A. NO DESENVOLVIMENTO DA TOLERÂNCIA

1. Faça uma lista das pessoas que você costuma interagir mais freqüentemente nas suas atividades no movimento espírita. Você vai fazer o exercício com cada uma separadamente. Comece pela pessoa com quem você possui maior afinidade.

2. Coloque uma música suave e relaxante, feche os olhos e busque relaxar todo o seu corpo, da cabeça aos pés. Para facilitar o relaxamento você pode contrair a musculatura da face e membros superiores e relaxar por três vezes.

3. Agora pense nas diversas situações em que você se relacionou com ela. Recorde-se da forma como você se relaciona. Atente para os itens da PERCEPÇÃO da técnica **P.A.R.D.A.**:

a. Percepção isenta de julgamento de certo e errado;

b. Percepção da idealização que faz do outro;

c. Como é a sua relação de poder com a outra pessoa: usa da impotência, da onipotência/prepotência, ou do poder real (potência) em seu relacionamento. Em que momentos usa cada uma dessas interações.

4. Após PERCEBER como é o seu relacionamento, ACEITAR as suas limitações e as do outro. Pergunte-se: o que você pode realizar para mudar os fatores que dificultam o seu relacionamento com essa pessoa, tornando-o mais tolerante e amorável?

5. REFLITA sobre essa questão;

6. Após REFLETIR, tome a DECISÃO de quando é que você vai começar o seu trabalho de modificação de atitudes para melhorar o seu relacionamento com essa pessoa;

7. *Estabeleça um plano de AÇÃO para que você possa colocar em prática, no seu dia-a-dia, o que você decidiu. Lembre-se, sempre, de estabelecer um plano de AÇÃO que seja possível de ser realizado, começando com pequenas atitudes a serem modificadas, e depois ampliadas;*

8. *Anote as suas observações.*

4.2. O DESENVOLVIMENTO DA MOTIVAÇÃO E DA VONTADE PARA A REALIZAÇÃO DO TRABALHO DO BEM

BORDAREMOS, A SEGUIR, duas questões de fundamental importância no desenvolvimento da liderança e do trabalho no bem, que são: a motivação e a vontade. Ninguém consegue realizar um trabalho de uma forma satisfatória se não houver motivação e vontade.

Em nossas atividades no movimento espírita estamos sempre lidando com essas questões, cujo desenvolvimento garantirá o êxito de nossas atividades.

As pessoas automotivadas são aquelas que definem claramente os resultados desejados em cada atividade e então se motivam por esses resultados, tendo firme a vontade.

Podemos dizer, então, que motivação é aquilo que nos leva a despender energia numa direção específica, com um propósito específico. Motivar-se significa usar toda a nossa capacidade emocional no sentido de se efetivar os nossos objetivos.

A Parábola dos Talentos, consoante as anotações de Mateus, Capítulo 25, vv. 14 a 30, nos mostra como a motivação pode ser desenvolvida.

Estudemos a parábola:

Porque isto é também como um homem que, partindo para fora da terra, chamou os seus servos, e entregou-lhes os seus bens, e a um deu cinco talentos, e a outro, dois, e a outro, um, a cada um segundo a sua capacidade, e ausentou-se logo para longe.

E, tendo ele partido, o que recebera cinco talentos negociou com eles e granjeou outros cinco talentos.

Da mesma sorte, o que recebera dois granjeou também outros dois.

Mas o que recebera um foi, e cavou na terra, e escondeu o dinheiro do seu senhor.

E, muito tempo depois, veio o senhor daqueles servos e ajustou contas com eles.

Então, aproximou-se o que recebera cinco talentos e trouxe-lhe outros cinco talentos, dizendo: Senhor, entregaste-me cinco talentos; eis aqui outros cinco talentos que ganhei com eles.

E o seu senhor lhe disse: Bem está, servo bom e fiel.

Sobre o pouco foste fiel, sobre muito te colocarei; entra no gozo do teu senhor.

E, chegando também o que tinha recebido dois talentos, disse: Senhor, entregaste-me dois talentos; eis que com eles ganhei outros dois talentos.

Disse-lhe o seu senhor: Bem está, bom e fiel servo.

Sobre o pouco foste fiel, sobre muito te colocarei; entra no gozo do teu senhor.

Mas, chegando também o que recebera um talento disse: Senhor, eu conhecia-te, que és um homem duro, que ceifas onde não semeaste e ajuntas onde não espalhaste; e, atemorizado, escondi na terra o teu talento; aqui tens o que é teu.

Respondendo, porém, o seu senhor, disse-lhe: Mau e

*negligente servo; sabes que ceifo onde não semeei e
ajunto onde não espalhei; devias, então, ter dado o meu
dinheiro aos banqueiros, e, quando eu viesse, receberia
o que é meu com os juros.
Tirai-lhe, pois, o talento e dai-o ao que tem os dez
talentos.
Porque a qualquer que tiver será dado, e terá em
abundância; mas ao que não tiver, até o que tem ser-
lhe-á tirado.
Lançai, pois, o servo inútil nas trevas exteriores; ali,
haverá pranto e ranger de dentes.*

Estudemos esta parábola no contexto que estamos trabalhando, a motivação e a vontade.

Vemos, inicialmente, que o senhor entregou aos seus
servos a quantidade de talentos, de acordo com a capacidade
de cada um. A um deu cinco, a outro, dois e a outro, um.

Tanto o que recebe cinco, quanto o que recebe dois, conseguem negociar com eles e ganham outro montante igual.
Eles colocam para si mesmos um objetivo de multiplicar o pa-
trimônio do senhor e, motivados por esse objetivo, conseguem
o seu intento.

Já o que recebe um talento, simplesmente o enterra com
medo de perdê-lo nas negociações para devolvê-lo mais tarde,
evitando punições por parte do senhor, caso viesse a perdê-lo.

E as conseqüências que ele temia acabam acontecendo, devido à sua negligência.

Analisemos agora os símbolos contidos na parábola, começando pelo servo negligente. Percebemos que ele recebeu
um bem e quis se afastar das conseqüências em administrar
esse bem, pois não se acreditava com capacidade para fazê-lo.

Ele buscou se esquivar, tanto do trabalho em negociar,
quanto da possibilidade de perder o talento, caso não negociasse

direito, por isso ele o enterrou para que não o perdesse, isto é, ele deixou de lado a oportunidade de crescimento com o trabalho e esforço no bem, porque não tinha coragem suficiente para ir em busca do objetivo a ser desempenhado. Esse movimento é típico de um tipo de motivação denominado **por afastamento**. Na **motivação por afastamento** a pessoa quer se afastar de um problema que ela acredita ter. A pessoa tem uma necessidade, mas não pensa no resultado que vai obter, mas em todo trabalho que vai ter para conseguir esse resultado. O seu foco principal é no **problema** e na sua suposta **incapacidade em resolvê-lo**. Dizemos suposta, porque essa incapacidade não é real, pois se trata apenas de uma crença limitadora, na qual a pessoa acredita não ser capaz, mas, em realidade, ela apenas não quer fazer esforços para resolver a questão. Toda realização exige um *esforço* para efetivá-la.

No caso, o servo pensou no trabalho que ia dar negociar com o talento e na ira do senhor caso o perdesse, o que o levou a enterrá-lo, isto é, não fazer nada.

Só que não estamos na vida para não fazer nada. Não ter iniciativa acaba, cedo ou tarde, nos tirando da zona de conforto psicológico característico da inércia. Durante um período podemos, até, nos sentir confortáveis não fazendo nada para mudar a nossa vida. Mas esse conforto nos será tirado – *"mas ao que não tiver, até o que tem ser-lhe-á tirado"* –, porque ele é aparente, não o temos de verdade, mas *até isso que não temos nos será tirado.*

Após perdermos o pseudoconforto – *"Lançai, pois, o servo inútil nas trevas exteriores; ali, haverá pranto e ranger de dentes"* –, vamos sofrer as conseqüências da inércia, da nossa inutilidade.

Estudemos, então, o que diz *O Livro dos Espíritos* a esse respeito:

Para agradar a Deus e assegurar a sua posição futura, bastará que o homem não pratique o mal?

"Não; cumpre-lhe fazer o bem no limite de suas forças, porquanto responderá por todo mal que haja resultado de não haver praticado o bem".[15]

Todas as vezes que não realizarmos as tarefas do bem que nos cabem diante da vida, entraremos em sofrimento devido a essa negligência. A acomodação na inércia acabará gerando incômodos – *pranto e ranger de dentes* – à criatura. Como ninguém gosta de sofrer, após iniciar as conseqüências de sua negligência, a pessoa se motiva em sair da inércia, porque ela quer se **afastar** dessas conseqüências.

Como o seu propósito é se afastar das conseqüências da inércia, ela entra num sentimento de ansiedade que gera um movimento de **forçar** a realização do objetivo, que ela deveria ter realizado até aquele momento, e que negligenciou.

Este é um movimento em que, normalmente, tem o seguinte padrão de crença limitadora: *"Eu tenho que fazer isso, mas é tão difícil"*, ou: *"Eu preciso realizar tal coisa, mas não sou capaz"*, ou ainda: *"Eu necessito fazer isso, mas não consigo"*. Isso pressupõem uma obrigação e não uma conscientização, conforme já estudamos anteriormente – quando abordamos a questão do **dever consciencial** – e uma suposta incapacidade e impossibilidade. (*vide* Capítulo 3.1).

Todas as vezes que nos forçamos, obrigando-nos egoicamente a algum objetivo que achamos ter de realizar, o ego reage, determinando exatamente o contrário daquilo que desejamos, num movimento de auto-sabotagem.

Esta reação do ego será caracterizada pela acomodação – e não realização – do objetivo na polaridade passiva. No

---

[15] *O Livro dos Espíritos*, Allan Kardec, questão 642

extremo oposto da polaridade reativa acontece uma reação manifestada através de ansiedade, raiva, revolta, etc., como se o indivíduo tivesse que lutar arduamente para realizar o objetivo que deseja, resultando num gasto muito pronunciado de energia.

Na realidade, esse movimento egóico estará impedindo o indivíduo de efetuar seu objetivo, pois estará se afastando do princípio do amor que existe em si mesmo. Quando a pessoa afasta-se desse princípio, ela deixa que as coisas e as circunstâncias a invadam e tumultuem a sua intimidade, reagindo dentro dela. É um movimento de inibição do essencial.

A **motivação por afastamento** acontece em todas as situações em que nos obrigamos a realizar alguma tarefa. Inicialmente nos obrigamos, pois tememos as conseqüências em não realizá-la, mas, como essa motivação é fruto da obrigação, logo entraremos na desmotivação e aí voltamos ao padrão inercial que havia no início, até que as necessidades, devido à não realização do objetivo, voltam a se avolumar e tudo recomeça, nos obrigamos a nos motivar, gerando um círculo vicioso de motivação/desmotivação.

Quando estamos motivados ficamos tomados de empolgação, pois as conseqüências diminuem e, por isso, ficamos empolgados com os resultados, mas esse processo é efêmero e logo nos desmotivamos novamente.

Façamos um parêntese para analisar o fenômeno da empolgação, que no movimento espírita é muito comum. Muitos tarefeiros iniciam as suas atividades na Casa Espírita com muita empolgação e que, muitas vezes, é confundida com entusiasmo.

Apesar de, em português, essas palavras serem sinônimas, psicologicamente, têm sentidos diferentes. A **empolgação** é um *fogo-fátuo* que exprime a pouca consciência sobre aquilo que se está realizando. Já a palavra **entusiasmo** tem a sua origem na palavra grega *enthousiasmós*, que era utilizada, na antiguidade, para expressar o estado de *êxtase*, no qual entravam as pessoas que estavam recebendo uma inspiração divina.

Psicologicamente, portanto, ter entusiasmo é algo mais profundo, no qual a pessoa tem consciência daquilo que está realizando e por isso, entra em êxtase, gozo, alegria, júbilo pelas suas realizações.

No movimento espírita vemos muitas pessoas empolgadas, especialmente quando as atividades estão em seu início, mas como há pouca conscientização sobre o que está sendo realizado, a partir do momento em que a "novidade" vai se tornando rotineira, a empolgação cessa e muitos desistem da tarefa, ou permanecem nela alternando os ciclos de motivação/desmotivação característico da **motivação por afastamento.**

Agora analisemos a postura dos outros dois servos que têm um movimento típico da **motivação por aproximação.**

A parábola diz que assim que os servos receberam os talentos, negociaram com eles e granjearam um volume idêntico. Percebamos que eles não titubearam como o servo negligente. Colocaram, para si mesmos, um objetivo e sem pensar no trabalho que ia dar, foram a campo para conseguir realizá-lo.

Este movimento é característico da **motivação por aproximação**, no qual as pessoas buscam se aproximar daquilo que desejam. Elas focam a **solução do problema** e não medem esforços para realizá-la. São pessoas cheias de entusiasmo, nas quais se manifesta o Divino.

Elas pensam sempre nos resultados que vão obter e não no trabalho que vão ter para conseguirem esses resultados.

Através desse estilo de motivação o indivíduo se aproxima das coisas que lhe são importantes, objetivos que geram recompensa e prazer. São fiéis ao que desejam e vão em busca desse objetivo sem vacilar.

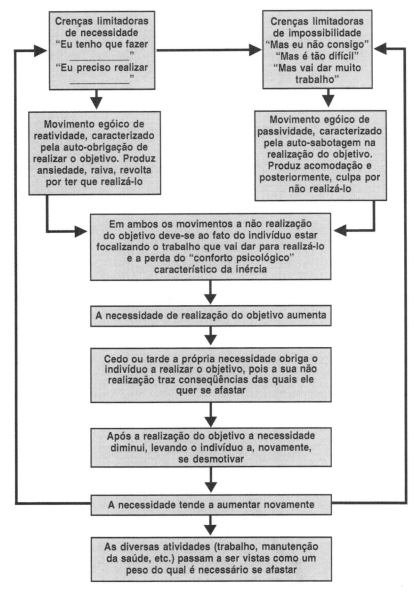

Fig. 5 – Motivação por afastamento. Nota-se o círculo vicioso característico deste tipo de motivação

São pessoas capazes de gozar, com antecipação, a realização de um objetivo traçado e por isso se enchem de entusiasmo e se motivam sempre, para conseguir aquilo que desejam. *(Bem está, servo bom e fiel. Sobre o pouco foste fiel, sobre muito te colocarei; entra no gozo do teu senhor).*

Cumpre-se então aquilo que Jesus diz: *"Porque a qualquer que tiver será dado, e terá em abundância"*, pois, quanto mais motivadas, mais resultados positivos alcançam, o que lhes aumenta, ainda mais, a motivação e o entusiasmo, num círculo virtuoso. Quanto mais têm, mais terão em abundância. Quando estabelecemos relações de prazer, de satisfação com as coisas que fazemos, nos tornamos proativos em todas as circunstâncias. Cada um dos nossos atos leva a nossa impressão pessoal, estendendo-se de nós para as demais pessoas, doamo-nos para os demais, estabelecendo o código determinado por Deus e cantado por Francisco de Assis: *é dando que se recebe.*

O ato de estendermo-nos para o outro, no trabalho do bem, é fundamental para a realização do nosso propósito maior na vida, porque vivemos em comunidade. Darmo-nos, distribuirmos os nossos valores, é a nossa destinação, multiplicando esses valores entre aqueles que nos cercam.

Nas ações efetuadas por prazer – portanto filhas do amor – vamos observar as pessoas que estabelecem uma relação de profunda efetividade e afetividade com o seu trabalho, com a família, com a comunidade. Para essas pessoas as atividades não pesam, as horas são minutos, os anos são dias.

Não é difícil encontrar espaço e tempo para mais atividades, pois, quando agem de forma proativa, produzem mais em menos tempo, sem que isso lhes pese, devido ao entusiasmo, alegria e felicidade que as atividades proporcionam.

Para elas *o fardo é leve e o jugo é suave*, porque estão mergulhadas na sua essência e distribuindo-se plenamente.

Quando elas se afastam disso, aprofundam-se nas questões egóicas, permitindo-se problemas de todas as ordens, ficam agitadas e reagem.

Esse movimento proativo acontece porque essas pessoas vêem um sentido na vida – o do esforço na realização do bem – e, por isso, se motivam, pela razão essencial de perceberem plenamente a vida.

Quando não vêem um significado na vida, elas estão sempre reagindo nas circunstâncias em que a vida as convida para agir, e por ignorância do próprio ego, reagem, até o momento em que despertam para o auto-encontro e passam a agir, buscando se esforçar para realizar o propósito de suas existências.

Quando elas se abrem, realizam. Quando se fecham, não realizam. Quando elas se abrem, são proativas, dominam as circunstâncias. Quando se fecham, estão reagindo e as circunstâncias as dominam, num movimento de inibição.

O movimento essencial proativo é de expansão, começando da própria essência e indo ao encontro de todos os que nos rodeiam. Efetivamente é o movimento único da vida, pois o movimento egóico é transitório e é transformado com o tempo. É um movimento de realização efetiva do nosso propósito existencial, pela abertura em direção ao essencial que nos proporciona.

O movimento essencial proativo, caracterizado pelo esforço em realizar os nossos propósitos de realizar o trabalho do bem, é um movimento de vida que começa do núcleo do próprio ser, o fulcro central, dirigindo-se ao Universo, num movimento claro de expansão dos potenciais latentes no ser.

Fundamental, portanto, que busquemos esse movimento essencial proativo através da **motivação por aproximação**, conscientizando-nos dos objetivos que desejamos alcançar.

O movimento essencial proativo é caracterizado pela

conscientização, fruto da reflexão, que é um ato de amor por si mesmo. O indivíduo se conscientiza de que é boa, para si mesmo, a realização do trabalho do bem e que, ao realizá-lo, está se aprimorando espiritualmente. A consciência disso o leva à realização do objetivo pelo prazer em se autodesenvolver. Quando conscientes do que desejamos, buscamos realizar os esforços necessários para a efetivação do nosso propósito existencial.

O **esforço** maior será apenas vencer a inércia de permanecer no movimento egóico, pois, a partir do momento em que entramos no movimento essencial proativo, o esforço se torna mínimo, já que o prazer que sentimos nesse movimento é tamanho que o entusiasmo, a alegria e a plenitude que obtemos, faz com que nem percebamos que estamos fazendo esforços.

Ao invés de gastar energia nos forçando a realizar o objetivo – como no movimento egóico –, nós nos abastecemos continuamente com as energias essenciais, e com aquelas que vem de Deus, a Consciência Cósmica Criadora da Vida, para nos fortalecer em nossos propósitos.

É fundamental que todos nós, dirigentes e trabalhadores espíritas, desenvolvamos a **motivação por aproximação**, buscando a conscientização e o entusiasmo para fazer o bem por escolha consciente, exercitando o **dever consciencial** e transformemos, de vez, a motivação por afastamento – que nos leva a trabalhar no bem por obrigação –, nos distanciando das conseqüências em não se praticá-lo, como se isso fosse possível.

Resumindo: os dirigentes e trabalhadores espíritas devem ficar atentos ao seu estilo de motivação de modo a evitar, tanto quanto possível, o processo de empolgação típico da motivação por afastamento, através da preparação do trabalhador do bem, conforme estamos estudando neste livro, preparação que, não apenas na qualificação, quanto ao trabalho a ser realizado, mas, principalmente, nas questões da humanização, na qual cada trabalhador exercita o autoconhecimento, com o objetivo de corrigir as suas más inclinações, e, assim, possa ser um tarefeiro repleto de entusiasmo, vivenciando, em si mesmo, tudo aquilo que diz respeito ao *"reino de Deus"*.

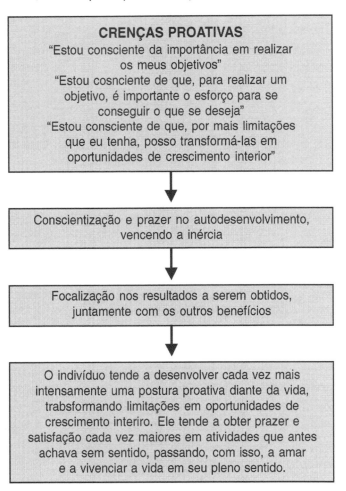

CRENÇAS PROATIVAS
"Estou consciente da importância em realizar os meus objetivos"
"Estou cosnciente de que, para realizar um objetivo, é importante o esforço para se conseguir o que se deseja"
"Estou consciente de que, por mais limitações que eu tenha, posso transformá-las em oportunidades de crescimento interior"

Conscientização e prazer no autodesenvolvimento, vencendo a inércia

Focalização nos resultados a serem obtidos, juntamente com os outros benefícios

O indivíduo tende a desenvolver cada vez mais intensamente uma postura proativa diante da vida, trabsformando limitações em oportunidades de crescimento interiro. Ele tende a obter prazer e satisfação cada vez maiores em atividades que antes achava sem sentido, passando, com isso, a amar e a vivenciar a vida em seu pleno sentido.

Fig. 6 – Motivação por aproximação

Estaremos voltando a esta questão quando abordarmos a **Liderança** e o **Trabalho em equipe**.

Para que cultivemos a **motivação por aproximação** é essencial que desenvolvamos a **ação da vontade**, de modo a canalizar adequadamente as nossas energias e possamos produzir o máximo possível.

Analisemos, a seguir, como realizar a **ação da vontade**. Existem milhões de pessoas, sobre a face da terra, querendo ter posturas diferentes, abnegadas, honestas, amorosas, caridosas, enfim, tornarem-se trabalhadoras do bem, mas que não se dispõem a pagar o preço da mudança. Há outras milhões que estão doentes do corpo, em doenças autodegenerativas, que não estão dispostas a pagar o preço da saúde. Há tantas outras viciadas que não estão dispostas a pagar o preço de uma vida saudável.

Só o desejo da possibilidade de ser quem não somos não dá o ensejo de ser o que desejamos ser: é preciso um preço. Não há nenhum esforço que não envolva **o pensamento, a vontade de realização e a realização.**

Vejamos o que *O Livros dos Espíritos* diz sobre essa questão:

Não haverá paixões tão vivas e irresistíveis, que a vontade seja impotente para dominá-las?

Há muitas pessoas que dizem: Quero, mas a vontade só lhes está nos lábios. Querem, porém muito satisfeitas ficam que não seja como "querem". Quando o homem crê que não pode vencer as suas paixões, é que seu Espírito se compraz nelas, em conseqüência da sua inferioridade. Compreende a sua natureza espiritual aquele que as procura reprimir. Transformá-las é, para ele, uma vitória do Espírito sobre a matéria.[16]

---

[16] *O Livro dos Espíritos*, Allan Kardec, questão 911

Por isso é que Jesus sempre nos conclamou a uma vida proativa, na qual devemos buscar, pelo nosso próprio esforço, aquilo que nos compete. Ao fazer isso o Universo se abre para nos ajudar *("batei, e abrir-se-vos-á")*. No entanto, são poucos os que buscam esse caminho, pois são poucos os que querem *pagar o preço* para se modificarem.

Vejamos o texto em Mateus, Capítulo 7, vv. 7, 8, 13 e 14:

Pedi, e dar-se-vos-á; buscai e encontrareis; batei, e abrir-se-vos-á.

Porque aquele que pede recebe; e o que busca encontra; e, ao que bate, abrir-se-lhe-á.

Entrai pela porta estreita, porque larga é a porta, e espaçoso, o caminho que conduz à perdição, e muitos são os que entram por ela; e porque estreita é a porta, e apertado, o caminho que leva à vida, e poucos há que a encontrem.

Para que possamos entrar pela "porta estreita" dos valores essenciais é necessário o desenvolvimento da vontade, é preciso pagar um preço. Há um pensamento tibetano que diz: *"Abram-se as portas do universo para mim, pois me encontro decidido e pronto para viver"*. O Universo abre-se em favor da criatura a partir de uma efetiva decisão interna, e não o contrário. Somos nós os detentores das nossas vidas. Precisamos de vontade para realizar toda e qualquer ação de mudança para melhor.

Existem quatro atributos essenciais para que a ação da vontade se manifeste plenamente:

1º *FORÇA* – a chamada **força de vontade** é a base da própria ação da vontade. Somente através da força é que podemos vencer a inércia e o estado de acomodação em uma determinada posição prejudicial, que, mesmo incômoda, gera em nós um estado de passividade, como vimos na **motivação por afastamento**. Todo processo de mudança requer um movimento na direção daquilo que se deseja. Se desejamos algo melhor para a nossa vida é necessário superar a acomodação e ir em busca daquilo que queremos conquistar, repletos de entusiasmo, nos motivando **por aproximação**.

A **força da vontade** é o **exercício do poder**, que todo ser humano possui, de mudar a própria vida para melhor. Todos o possuímos, pois ele é um atributo de nossa própria Essência Divina, mas poucos de nós o utiliza, pois temos grandes dificuldades de vencer a inércia, e transformamos essa dificuldade em impossibilidade.

São poucos aqueles que se dispõem a passar pela *"porta estreita"*. As pessoas que agem assim têm os seguintes padrões de crença que as limitam: *"Quero tanto ser mais tolerante e indulgente com as dificuldades dos outros, mas não consigo"*. *"Desejo muito ser mais sereno, mas é tão difícil. Eu não consigo, quando dou por mim, já estou superansioso"*. *"Quero muito ter mais harmonia na minha família, mas não sou capaz. Quando vejo já estou gritando com meus filhos, com a minha mulher. Eu não consigo mesmo"*.

Essas pessoas estão abdicando do poder que possuem de mudar a própria vida. Acreditam que não conseguem ou não são capazes de mudar o que desejam, mas, na realidade, estão apenas presas à inércia, pois é muito mais cômodo permanecer na mesma situação a queixar-se, do que exercer a força de vontade, o poder de mudar aquilo que dizem querer, mas que, em verdade, querem obter sem esforço algum, como se isso fosse possível.

É realmente impossível realizar algo bom para nós mesmos, sem esforço, mas, se nos esforçarmos, poderemos conseguir aquilo que desejamos.

- Na minha visão aqui temos q. considerar o merecimento.

197

tb.

- "Querer c/ o coração é querer c/ a própria vida".

Para desenvolvermos a força de vontade e exercitar o poder de mudar a nossa vida é necessário desenvolver a fé, a confiança em nós mesmos, em Deus, na vida, que passemos a acreditar em nossa capacidade de mudar para melhor.

Jesus várias vezes se referiu à necessidade da fé, da confiança, como condição para superarmos todos os nossos problemas.

Estudemos estes textos anotados por Mateus, nos Capítulos 13, vv. 31 e 32 e 17 a 20, que se complementam:

Outra parábola lhes propôs, dizendo: O Reino dos céus é semelhante a um grão de mostarda que um homem, pegando dele, semeou no seu campo; o qual é realmente a menor de todas as sementes; mas, crescendo, é a maior das plantas e faz-se uma árvore, de sorte que vêm as aves do céu e se aninham nos seus ramos.

Porque em verdade vos digo, se tiverdes a fé do tamanho de um grão de mostarda, direis a esta montanha: Transporta-te daqui para ali e ela se transportaria, e nada vos será impossível.

Jesus coloca o diminuto grão de mostarda como exemplo da quantidade de fé que precisamos ter, porque, para superar a inércia da acomodação, não precisamos muito esforço, apenas acreditarmos que podemos, conforme diz a questão 909 de *O Livro dos Espíritos*:

"Poderia sempre o homem, pelos seus esforços, vencer as suas más inclinações?
Sim, e, freqüentemente, fazendo esforços muito insignificantes. O que lhe falta é a vontade. Ah! quão poucos dentre vós fazem esforços!"

Para desenvolvermos o *"Reino dos céus"* em nós mesmos, através do cultivo das questões essenciais da vida, basta ter a fé do tamanho de um grão de mostarda, a menor de todas as sementes, para podermos superar as montanhas de dificuldades criadas por nós mesmos, pelo cultivo das negatividades egóicas.

Após iniciarmos o processo de mudança, com a continuidade do esforço, a pequena semente vai, lenta e gradativamente, se transformando numa grande árvore a produzir os frutos do entusiasmo, da alegria de viver, da felicidade.

Um único cuidado é importante no uso da força, para que não seja utilizada de forma bruta, gerando prepotência consigo mesmo e com os outros, mas sim, inteligente e amorosamente. O poder necessita ser bem direcionado pela inteligência e amor, conforme veremos nos próximos atributos da ação da vontade.

Podemos resumir este atributo da vontade através da seguinte frase. *"Se quiser, verdadeiramente, mudar algo em mim que me limita, eu posso, eu sou capaz de realizá-lo. Mesmo que haja dificuldades, fruto das minhas próprias limitações, eu consigo transformá-las se utilizar a força de vontade que faz parte da essência do meu ser".*

2º **COMPETÊNCIA** – vimos que a força é a base da vontade, mas somente ela não basta, pois é preciso que a pessoa tenha competência para mudar, isto é, que ela saiba como mudar.

Muitas pessoas são sinceras em seu processo de mudança, querem mudar verdadeiramente, mas não a realizam de forma competente. Acabam, em virtude disso, forçando-a, resultando em bloqueios das emoções, muita exigência consigo mesmas, etc., fatos que as tornam muito rígidas e, mais cedo ou mais tarde, acabam tendo problemas resultantes dessa postura, pois forçam a sua natureza.

Essas pessoas usam apenas a força de vontade e, por isso, acabam se tornando prepotentes consigo mesmas. Utilizam o poder sem direcionamento inteligente e amoroso e acabam por emperrar o próprio processo de mudança.

Para que possamos mudar, de uma forma tranqüila e suave, é necessário agregar à força de vontade, a competência, para que o esforço seja o menor possível.

Toda mudança necessita da força, mas é preciso que essa força seja utilizada de forma **inteligente**, transformando-a em **esforço competente**. O segundo atributo da vontade, **a competência ou habilidade é o exercício da inteligência**, tanto a cognitiva, quanto a emocional, adquirindo-se **sabedoria** para bem direcionar a **força**.

Façamos uma analogia: uma pessoa que tem o seu automóvel estacionado numa rua. Para sair com o seu veículo necessita colocar a primeira marcha, por ser ela a mais forte para tirar o carro da inércia em que se encontra. Mas, se a pessoa continuar em primeira marcha, após a saída do carro, não será nem um pouco inteligente de sua parte, não é mesmo?

Ela precisa colocar uma marcha cada vez mais leve, à medida que vai ganhando velocidade, necessitando por isso menor quantidade de combustível (energia) para continuar em movimento. É claro que para fazer tudo isso ela precisa ter a habilidade para dirigir.

Na vida as coisas também são assim. Para vencer a inércia da acomodação em nossas dificuldades egóicas, muitas vezes precisamos de uma força inicial grande para vencê-la e iniciar o movimento de mudança, mas depois que iniciamos o movimento, a força exigida será cada vez menor, poupando-se energia no processo. Por isso é indispensável a competência, o exercício da inteligência para direcionar adequadamente a força de vontade.

O uso adequado de energia é fundamental para se exercer a vontade, com o objetivo de mantê-la sempre viva.

Ao observarmos a natureza, fruto da Inteligência Divina,

percebemos que em tudo a natureza realiza um esforço para exercer a sua função, mas esse esforço deve ser o menor possível para não se gastar energia desnecessariamente. É a lei do mínimo esforço.

Por exemplo: uma raiz, ao penetrar na terra para realizar a sua função de buscar água e nutrientes para a árvore, exerce um esforço considerável, não é verdade? Mas se ela encontra uma pedra no meio do trajeto, não seria nem um pouco inteligente furar essa pedra para seguir o seu caminho, pois isso seria jogar energia fora, portanto ela simplesmente contorna a pedra, continuando o seu esforço em menor intensidade e economizando energia.

Da mesma maneira, se tivermos a semente de uma flor e desejarmos aquela flor para alegrar o nosso jardim, precisaremos colocá-la numa terra fértil, regá-la diariamente, afofar a terra, retirar as ervas daninhas, deixar o tempo adequado de exposição à luz do Sol, enfim múltiplos cuidados diários de jardinagem até que a planta tenha condição de produzir as flores.

Se exigirmos da planta a flor antes da hora, poderemos danificá-la ou até matá-la. São necessários muita **paciência, perseverança e esforço continuado** para cultivar a semente até termos a flor.

O ser humano, para mudar, deve seguir o exemplo da natureza, realizando a mudança de uma forma suave, consoante o que estudamos no Capítulo 1 sobre *o jugo suave e o fardo leve*, referido por Jesus, na qual a energia despendida no processo de mudança, seja utilizada de forma competente, canalizando-a adequadamente, evitando-se o seu desperdício.

Para obter essa suavidade em nós é preciso desenvolver a mesma postura do cultivo da flor, respeitando a nossa própria natureza, sem autoviolentação. Portanto, é necessário cultivar em nossa intimidade **o esforço continuado, paciente e perseverante**.

Para isso é fundamental o desenvolvimento das inteligências cognitiva e emocional, da sabedoria, de modo a utilizar, de forma hábil, a força de vontade. O uso adequado da inteligência estará munindo a pessoa de instrumentos para exercer a vontade, gerando o esforço necessário para a mudança.

Para desenvolver essa competência é fundamental o emprego de técnicas como a meditação, a reflexão, a oração, etc., com o objetivo de se conseguir suavizar a força necessária para a mudança.

Façamos uma analogia com um alpinista cujo objetivo é subir uma montanha. Se ele, por exemplo, subir a montanha sem utilizar nenhum instrumento, seria como alguém que usasse somente a força de vontade para mudar. Teoricamente isso seria possível, mas ao chegar ao topo da montanha o seu estado seria deplorável, pelo esforço gigantesco que teria que fazer para subi-la. Não seria nem um pouco inteligente da parte dele fazer isso, não é verdade? Mas, se ele utilizar as ferramentas necessárias para subir, teria que fazer um grande esforço para chegar ao topo, porém, com certeza, muito menor.

É claro que para subir utilizando os instrumentos, ele precisa saber usá-los, senão a única forma seria à unha. Esse é o resultado do uso da inteligência direcionando, adequadamente, a força de vontade.

Meditação, reflexão, oração são instrumentos fundamentais para facilitar o processo de mudança, não para realizá-la em si mesma. Portanto, como toda e qualquer ferramenta, necessita ser utilizada freqüentemente e na hora certa, senão enferruja e se torna inútil.

Nesse aspecto, o tipo de inteligência que deve ser mais desenvolvido é a emocional, que é resultado do exercício do auto-amor, próximo atributo da ação da vontade. O auto-amor estará direcionando, adequadamente, a força e a inteligência, criando o **poder inteligente e amoroso.**

Hoje em dia encontramos muitos recursos como livros, cursos, seminários, psicoterapia, etc., para ajudar as pessoas em seu processo de mudança, mas muitas pessoas que têm acesso a esses recursos justificam-se em não usá-los, porque dá muito trabalho. Novamente o que as impede é a inércia. Dizem que querem mudar, mas quando se lhes mostra como fazê-lo, desistem, alegando que é muito difícil e trabalhoso. Com tal atitude deixam os recursos de lado e continuam se queixando da sua triste sina.

Podemos resumir este atributo da vontade através da seguinte frase: *"Se quiser, verdadeiramente, mudar algo em mim que me limita, eu posso, eu sou capaz de realizá-lo, mesmo que haja dificuldades, fruto das minhas próprias limitações. Eu consigo transformá-las, se utilizar a força de vontade de forma competente, aprendendo a superar, através de vários recursos, as limitações que possuo, solucionando-as com inteligência, paciência, perseverança e esforço continuado, de forma gradativa e suave, com o menor esforço possível".*

3º **AUTO-AMOR** – o amor a si mesmo é necessário para fortalecer a ação da vontade ainda mais, pois somente ele é que dá a direção adequada. O **auto-amor** proporciona ao indivíduo que o possui, a condição de escolher o melhor para si mesmo. É o **exercício da melhor escolha.**

Se a pessoa se auto-ama, com certeza, não ficará numa condição ruim, devido à inércia. Aqueles que se acomodam numa vida mais ou menos, certamente não se amam o suficiente para se esforçarem, utilizando a força de vontade e a sua inteligência, adquirindo competência para poderem superar as dificuldades pelas quais passam. Quem se auto-ama quer o melhor para si mesmo e se esforça para consegui-lo.

Portanto, o auto-amor é a condição imprescindível para se exercer os dois primeiros atributos da vontade. Sem o auto-amor a pessoa pode, até, começar um processo de mudança, mas não consegue perseverar nele. Para persistir no rumo que se deseja tendo a vontade firme, somente com o auto-amor, que é a condição para escolher e permanecer no caminho traçado.

O auto-amor estará reforçando em nós a **paciência, a perseverança** e a necessidade do **esforço continuado**, nos auxiliando a desenvolver o **poder amoroso** que transforma a nossa vida para melhor.

Podemos resumir este atributo da vontade através da seguinte frase. *"Se quiser, verdadeiramente, mudar algo em mim que me limita, eu posso, eu sou capaz de realizá-lo, mesmo que haja dificuldades, fruto das minhas próprias limitações. Eu consigo transformá-las, se utilizar a força de vontade de forma competente, aprendendo a superar, através de vários recursos, as limitações que possuo, solucionando-as com inteligência, paciência, perseverança e esforço continuado, de forma gradativa e suave, com o menor esforço possível, porque eu me amo e por isso quero o melhor para a minha vida".*

4º - *FELICIDADE* – quarto atributo da ação da vontade, a busca da **felicidade** é o que proporciona **sentido para a vida humana**. Todos a desejamos, mas são poucos que a conseguem, porque a maioria das pessoas a deseja *ganhar* e não *obtê-la* com os próprios méritos. Querem ser felizes, permanecendo numa atitude inercial de acomodação às próprias limitações.

É claro que isso nunca será possível dessa forma. Felicidade é algo que se obtém pela ação da vontade. Este atributo é um desdobramento do anterior, pois quem se auto-ama, busca naturalmente ser feliz e fazer a felicidade dos outros, num processo de alo-amor.

Voltando à analogia do alpinista subindo a montanha. Imaginemos, no topo da montanha, a presença da felicidade plena. São poucos aqueles que, desejando a felicidade, se dispõem a subir até o ápice fazendo todo esforço necessário, paciente e perseverantemente. A maioria fica no sopé da montanha dizendo: *"Eu gostaria tanto de chegar lá em cima e encontrar a felicidade, mas é tão difícil subir, é tão trabalhoso"*, *"Eu não sou capaz"*, etc.

Dizem querer a felicidade, mas querem ganhá-la como uma graça divina e não como uma conquista, fruto de seus próprios esforços. É claro que essa graça jamais acontecerá. Deus não nos dá a felicidade pronta, Ele nos oferece todos os meios para conquistá-la por nós mesmos. Mas como Deus sabe aguardar e todos nós fomos criados para a felicidade, todos, sem exceção, subiremos a montanha, mais cedo ou mais tarde.

A felicidade é o estado de **plenitude** que podemos almejar, portanto, quando uma pessoa busca, se esforçar para melhorar um pensamento, um sentimento ou um comportamento negativo está, em realidade, trabalhando para obter a felicidade que almeja.

A busca da felicidade é o objetivo máximo da vida e que estará norteando a força e a competência da vontade para que o indivíduo se esforce para consegui-la. Por isso, nessa busca, é fundamental usar o poder, a inteligência e o auto-amor para se exercitar o aperfeiçoamento constante e, com isso, conseguir a felicidade relativa até que cheguemos à perfeição e conquistemos a felicidade plena.

Na metáfora da montanha, se colocarmos a felicidade plena no topo da montanha, a felicidade relativa consiste em fazer o esforço da subida. Não é preciso chegar ao topo para ser feliz, apenas é necessário iniciar a subir até ele para sentirmos a felicidade, pois nos libertaremos da inércia que nos traz infelicidade.

Não é possível a felicidade plena num planeta como o nosso, mas é possível realizar a felicidade relativa, que é fruto do trabalho do bem e da autotransformação. Vejamos o que *O Livro dos Espíritos* aborda a respeito desse assunto:

> Pode o homem gozar de completa felicidade na Terra?
> "Não, por isso que a vida lhe foi dada como prova ou expiação. Dele, porém, depende a suavização de seus males e o ser tão feliz quanto possível na Terra."
> Concebe-se que o homem será feliz na Terra, quando a Humanidade estiver transformada. Mas, enquanto isso se não verifica, poderá conseguir uma felicidade relativa?
> "O homem é quase sempre o obreiro da sua própria infelicidade. Praticando a lei de Deus, a muitos males se forrará e proporcionará a si mesmo felicidade tão grande quanto o comporte a sua existência grosseira."[17]

Podemos resumir este atributo da ação da vontade, englobando todos os demais, através da seguinte frase. *"Se quiser, verdadeiramente, mudar algo em mim que me limita, eu posso, eu sou capaz de realizá-lo, mesmo que haja dificuldades, fruto das minhas próprias limitações. Eu consigo transformá-las, se utilizar a força de vontade de forma competente, aprendendo a superar, através de vários recursos, as limitações que possuo, solucionando-as com inteligência, paciência, perseverança e esforço continuado, de forma gradativa e suave, com o menor esforço possível, porque eu me amo e por isso quero o melhor para a minha vida e desejo obter a plenitude e felicidade que mereço".*

---

[17] *O Livro dos Espíritos*, questões 920 e 921

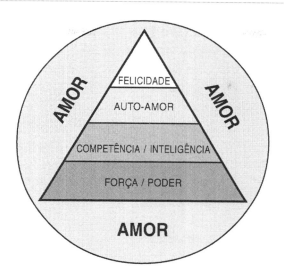

Figura 7 – A Pirâmide da Ação da Vontade

Para concluir observemos esta figura que denominamos **Pirâmide da Ação da Vontade**. Nela fazemos uma comparação da vontade com uma pirâmide. Percebamos que a base, o alicerce é a força, exercício do poder, e a competência, exercício da inteligência cognitiva e emocional, mas que só existe, e faz sentido, por causa do topo que é o auto-amor e a busca da felicidade, que, ao mesmo tempo em que é sustentada pela base, a reforça e também sustenta, pois lhe dá um sentido. Sem a destinação que todos temos de desenvolver a felicidade plena, não haveria sentido em nos esforçar para superar as nossas limitações. Por isso o auto-amor e a busca da felicidade nos alimenta a força de vontade e nos faz desenvolver a inteligência para conquistar a plenitude que todos almejamos.

Envolvendo tudo está o círculo do amor, não apenas o auto-amor, mas o amor à vida, ao próximo, a Deus, ao Cosmos, dando um sentido à vida e auxiliando no esforço de auto-aprimoramento do Ser, que ruma em direção à plenitude e à

Luz Maior, pois, quanto mais nos amarmos e mais felizes nós formos, estaremos irradiando esse amor e felicidade em tornos de nós, e dessa forma todo o Universo a nossa volta se plenifica e felicita junto conosco, a começar com os próximos mais próximos.

Por isso, amar-se e ser feliz, exercitando a ação da vontade para isso, motivando-se por amor é um grande ato de amor a Deus, à Vida e ao nosso próximo.

Fundamental, portanto, a todos nós dirigentes e trabalhadores espíritas desenvolver a motivação e a vontade.

QUESTÕES PARA REFLEXÃO:

1 – Qual a importância da motivação e da vontade para a realização de nossas atividades no movimento espírita?

2 – Como é o estilo de motivação por afastamento e que dificuldades ele traz?

3 – Como é o estilo de motivação por aproximação e que benefícios ele traz?

4 – Como podemos desenvolver a vontade para nos motivarmos por aproximação?

5 – Quais são os atributos da ação da vontade e qual a melhor maneira de aplicá-los no dia-a-dia?

EXERCÍCIOS VIVENCIAIS:
OS ESTILOS DE MOTIVAÇÃO

1. Coloque uma música suave e relaxante, feche os olhos e busque relaxar todo o seu corpo, da cabeça aos pés. Para facilitar o relaxamento você pode contrair a musculatura da face e membros superiores e relaxar por três vezes.

2. *Agora reflita sobre a Parábola dos Talentos. Em qual perfil você se insere: a do servo fiel ou a do negligente? Você costuma encarar de frente as dificuldades diante do trabalho, ou tenta fugir delas?*

3. *Você se motiva por afastamento, por aproximação, ou por ambos, dependendo das circunstâncias?*

4. *Que movimentos psicológicos egóicos você mantêm que lhe levam a se motivar por afastamento? Que ações você pode realizar para transformá-los?*

5. *Que movimentos psicológicos essenciais você mantêm que lhe favorecem a se motivar por aproximação? Que ações você pode realizar para reforçá-los?*

6. *Anote as suas reflexões.*

A AÇÃO DA VONTADE

1. *Coloque uma música suave e relaxante, feche os olhos e busque relaxar todo o seu corpo, da cabeça aos pés. Para facilitar o relaxamento você pode contrair e relaxar, por três vezes, a musculatura da face e membros superiores.*

2. *Agora pense no nível da sua ação de vontade. Ela é satisfatória ou insatisfatória? Como você lida com ela?*

3. *Como você exerce a força de vontade para mudar a sua vida?*

4. *Que ações você tem realizado para aumentar a sua competência e, com isso, melhorar a sua ação da vontade?*

5. *Como anda o seu nível de auto-amor? Você é do tipo de pessoa que vive reclamando da vida e faz muito pouco para mudá-la, ou é alguém que não se contenta com uma vida mais ou menos, e realiza todos os*

esforços possíveis para mudá-la para melhor?

6. Em que nível encontra a sua felicidade? Você a tem como uma meta possível de ser alcançada? Que ações você tem realizado para conquistá-la?

7. Anote as suas reflexões.

4.3. OS ESTILOS DE LIDERANÇA E O TRABALHO EM EQUIPE

PRÁTICA DA LIDERANÇA E DO TRABALHO em equipe é um verdadeiro exercício das tríades estudadas no primeiro capítulo: Amor, Mansidão e Humildade, proposta por Jesus e Trabalho, Solidariedade e Tolerância, por Kardec.

O exercício dessas tríades nos leva ao desenvolvimento da empatia, fundamental no trabalho de liderança e nas tarefas realizadas em equipe.

A palavra empatia é derivada da palavra grega *empátheia* que significa, literalmente, "entrar no sentimento". A empatia origina-se no autoconhecimento, pois quanto mais consciente estivermos acerca de nossos sentimentos, mais facilmente poderemos entender os sentimentos dos outros.

O autoconhecimento vai nos mostrar os sentimentos que estão baseados no ego e aqueles que estão centrados no Ser Essencial. Para sentir empatia pelas pessoas com que convivemos é necessário que estejamos identificados com o sentimento de amor essencial que somos, para que possamos conectar com o amor essencial do outro.

Quando estamos conectados com esse amor, a nossa

energia é de **acolhimento** do outro, mesmo que o outro esteja conectado com o próprio ego. Ao contrário, quando estamos conectados com o nosso ego, a nossa energia **repele** o outro, mesmo que a pessoa esteja conectada com o Ser Essencial, e mais ainda, se estiver conectada com o ego. Neste caso não há empatia.

A empatia, portanto, é a capacidade de entrar em sintonia com o Essencial do outro, a partir da capacidade de sintonia do Essencial em si mesmo, compreendendo, aceitando e sendo compassivo com o outro. Podemos dizer que é o exercício pleno do amor ao próximo, que acontece a partir do auto-amor.

A capacidade de perceber como o outro se sente é muito importante em vários aspectos da vida, quer no trabalho, no casamento, no relacionamento entre pais e filhos, e relacionamentos em geral. Por isso será fundamental em nossos relacionamentos, nas atividades do movimento espírita.

Com o desenvolvimento da capacidade empática, conseguimos administrar melhor todas as situações de relacionamento interpessoal, principalmente quando a situação é conflituosa.

Por exemplo: suponhamos que uma pessoa nos trate mal porque se encontra irritada, com raiva, devido ao fato de estar passando por algum problema. Esta pessoa se encontra, nesse momento, identificada com o ego.

Nós podemos responder à sua agressão de três maneiras: podemos reagir também nos identificando com o nosso ego, e responder com agressividade, dando o troco; podemos bloquear a nossa irritação e mascarar os nossos sentimentos, engolir a raiva e fingir que está tudo bem, atuando de forma passiva, tentando nos auto-anular, mas ruminando a raiva dentro de nós; Ou podemos utilizar a empatia, transmutando a raiva em compaixão pela pessoa que está doente das emoções.

Esta última atitude nos conduz a aceitar a pessoa que está por trás do comportamento e tratá-la com compaixão, nos levando a compreender o modo de proceder dela. O comportamento dela *está* agressivo, mas em essência ela *não é* agressiva. Em essência ela é amor, assim como nós também. A empatia nos aproxima das pessoas com quem nos relacionamos. Da mesma forma que alguém pode nos tratar mal quando está identificado com o ego, nós, por nossa vez, também podemos agir da mesma maneira, quando identificados com o nosso ego. É claro que gostaríamos que os outros compreendessem nosso momento de irritação. Então a empatia nos leva a agir com os outros, assim como gostaríamos que agissem conosco.

Desenvolver a empatia é uma tarefa muito difícil, pois, na maioria das vezes, nos identificamos com o ego, ao invés da essência. É muito mais fácil reagir ou nos acomodar, do que ter uma atitude proativa. Para isso é necessário realizar um esforço para se conectar consigo mesmo em essência.

A empatia será fundamental no desenvolvimento do estilo de liderança denominado **proativo**, que está centrado no amor essencial. Além desse estilo, temos mais dois ligados ao ego: a liderança **autocrática,** centrada no desamor, e a liderança **permissiva**, centrada no pseudo-amor, nos quais a empatia se faz ausente.

Vejamos os tipos de liderança que podemos exercer:

Liderança centrada no Ego:

➢ *POLARIDADE REATIVA – DESAMOR: AUTOCRÁTICA*

➢ *POLARIDADE PASSIVA – PSEUDO-AMOR: PERMISSIVA*

Liderança centrada no Ser Essencial:

➢ *COM AUTORIDADE – AMOR: PROATIVA*

JESUS E KARDEC, MODELOS PARA OS TRABALHADORES DO MOVIMENTO ESPÍRITA

Estudemos as características de cada uma delas:

> **LIDERANÇA AUTOCRÁTICA:** está centrada na polaridade reativa do ego. O líder impõe a sua vontade aos liderados, estabelecendo, de uma forma unilateral, com autoritarismo, as diretrizes de trabalho. É o típico *"Sou eu quem manda, vocês apenas obedecem, sem questionar nada".*

Por ser baseada no desamor, tende a fazer com que os liderados respondam com desamor, gerando neles dois tipos de movimentos: naqueles com tendência passiva produz o conformismo, característico da inércia, levando-os a obedecerem, sem questionar as decisões diretamente ao líder, pois são impedidos disso. Mas quase sempre surge uma revolta surda que não é manifestada de forma direta, mas indireta, através da sabotagem às ordens autoritárias do líder. O trabalho não rende como deveria, pois ninguém trabalha verdadeiramente por imposição, obrigação, seja por si mesmo, seja pelos outros, como já analisamos.

Naqueles com tendência reativa gera uma agressividade que será manifestada de forma evidente – com muitos confrontos entre líder e liderados –, ou mascarada, que leva os liderados a sabotarem também, de forma camuflada, as ordens do líder.

Esta forma de liderar obstaculiza o potencial de criatividade e iniciativa dos liderados, inibindo a atuação responsável e o comprometimento com os resultados, que geram uma melhoria das condições de trabalho da equipe.

Jamais haverá a formação de uma verdadeira equipe de trabalho, com esse tipo de liderança.

Essa forma de liderar é muito comum em organizações públicas e privadas, nas quais as pessoas dependem do trabalho para se manterem financeiramente, e, por isso, se forçam a suportar o líder autocrático e autoritário, mas com muita revolta e formando um péssimo ambiente de trabalho.

Quando esse tipo de liderança é imposta em organizações filantrópicas, como o Centro Espírita, que é sustentado por trabalhadores voluntários, que não dependem da atividade economicamente, acontece de a maioria dos trabalhadores abandonarem a tarefa, pois não têm obrigação de agüentar o líder autoritário.

Quando há o abandono da tarefa por parte dos trabalhadores, muitos dirigentes reclamam que as pessoas não colaboram, mas, se auscultarem a própria consciência com honestidade, vão chegar à conclusão que a dificuldade de formar as equipes de trabalho se deve muito mais a essa postura autoritária, do que ao não desejo de colaborar dos demais. Isso ocorre em muitos Centros Espíritas, gerando grandes dificuldades para o movimento.

Fundamental, portanto, a transformação urgente desse estilo de liderança para a liderança proativa, em benefício de todo o movimento espírita.

➤ *LIDERANÇA PERMISSIVA:* está centrada na polaridade passiva do ego, sendo baseada na máscara do pseudoamor, geradora do líder "bonzinho", cujo perfil analisamos no Capítulo 2, excessivamente permissivo.

Nesta liderança é gerado um clima de pseudoliberdade que, em verdade, é libertinagem. Nesse ambiente, normalmente, cada um faz o que acha certo, sem que haja um consenso do grupo e sem uma direção efetiva do líder. Não há união de ideais em torno de um objetivo comum.

O líder age com uma pseudobondade, permitindo que cada um aja conforme deseja, por medo de exercer a autoridade e gerar descontentamento. Como ele tem dificuldade de auto-aceitação e muita insegurança, age assim para ser aceito pelos outros, em razão de sua "bondade".

Este estilo de liderança também impede o desenvolvimento de uma equipe, pois é geradora de individualismo e personalismo, no qual cada um vai levar o trabalho de forma estritamente pessoal e não de equipe. Cedo ou tarde as máscaras caem e normalmente o líder permissivo tende a se tornar autoritário, especialmente quando as coisas começam a fugir do seu controle. Outras vezes ele acaba por desistir da liderança.

Já os liderados costumam, num primeiro momento, gostar desse tipo de liderança, pois acham que têm muita liberdade, mas aos poucos vão percebendo – pelos resultados pífios que obtêm – que essa liberdade não passa de libertinagem, sendo, portanto, muito prejudicial ao grupo.

> **LIDERANÇA PROATIVA:** é a liderança centrada no sentimento de amor, na autoridade moral, geradora da proatividade, da qual Jesus é o Mestre, o exemplo máximo para todos nós e Allan Kardec, um discípulo fiel, nos demonstrando que podemos exercê-la em nossas atividades no movimento espírita.

Na prática da liderança proativa é fundamental o exercício da autoridade, que se fundamenta, especialmente, no exemplo de boa conduta exercida com amor. O líder proativo deverá ser o primeiro a se dedicar ao trabalho do bem. Como já estudamos, não é a pessoa perfeita, mas a que busca se aperfeiçoar a cada instante e isso lhe gera autoridade moral sobre o grupo.

Não se coloca como dono da verdade – como o líder autocrático –, nem tampouco deixa de assumir – como o líder permissivo – uma postura firme e decisiva, centrada nos seus exemplos de dedicação ao bem. Com isso tem um trânsito efetivo na equipe de trabalho, que ele estará orientando para seguir o melhor caminho, corrigindo as próprias falhas e as da equipe que, com certeza acontecerão, com a ajuda do grupo, levando todos a um crescimento em conjunto.

Sempre que possível busca o consenso nas tomadas de decisão, por ser esse o melhor caminho, pois gera um comprometimento de todos com os resultados a serem alcançados. Quando isso se torna impossível, busca, da forma mais democrática, respeitar a decisão da maioria, conduzindo a minoria divergente, com muito respeito à sua opinião, a se comprometer com o resultado coletivo, evitando-se o boicote da atividade por terem uma posição diferente dos demais.

Esta liderança gera um comprometimento da equipe com os resultados, pois todos sentem o prazer de participar do processo decisório e pelo clima de respeito às suas opiniões, mesmo quando divergentes da maioria.

Nessa atmosfera todos têm o direito de opinar, num processo de diálogo amistoso, mesmo que a sua idéia não seja colocada em prática naquele momento, mas serve para reflexão e aprimoramento da equipe.

Estas atitudes geram as verdadeiras equipes de trabalho, nas quais todos trabalham em função de um objetivo único, respeitando-se e valorizando-se cada membro da equipe. O líder é um elemento estimulador dos sentimentos de respeito e valorização da diversidade da equipe em prol da unidade de propósitos.

Todos nós lidamos com os três sentimentos: amor, desamor e pseudo-amor nas diferentes atividades que realizamos. Dependendo do momento, podemos entrar em contato com uma dessas energias que norteará o tipo de liderança que exerceremos naquele momento.

Para realizarmos a liderança proativa amorosa, tendo como modelo Jesus, é necessário desenvolver os nossos potenciais de modo que possamos, cada vez mais, exercitar a autoridade, exercendo a liderança com amor.

Na Parábola do Semeador Jesus nos oferece uma reflexão acerca de como exercitar esse estilo de liderança. Estudemos a parábola anotada por Mateus, Capítulo 13, vv. 3 a 9:

Eis que o semeador saiu a semear.

E, quando semeava, uma parte da semente caiu ao pé do caminho, e vieram as aves e comeram-na; e outra parte caiu em pedregais, onde não havia terra bastante, e logo nasceu, porque não tinha terra funda. Mas, vindo o sol, queimou-se e secou-se, porque não tinha raiz.

E outra caiu entre espinhos, e os espinhos cresceram e sufocaram-na.

E outra caiu em boa terra e deu fruto: um, a cem, outro, a sessenta, e outro, a trinta.

Quem tem ouvidos para ouvir, que ouça.

Se observarmos a parábola superficialmente, até poderemos achar que esse semeador é muito descuidado, pois semeou ao pé do caminho, nos pedregais, nos espinheiros e na boa terra. À primeira vista ele deveria somente semear na boa terra. Por que, então, Jesus o coloca dessa forma apenas semeando, sem se ocupar onde a semente cai?

Para entender o motivo pelo qual Jesus coloca o semeador dessa maneira é preciso analisar a parábola dentro de uma abordagem psicológica profunda. Ele está querendo chamar a atenção, não para o semeador em si, mas para o *tipo* de terreno em que a semente cai.

Vamos analisar a parábola no contexto que estamos estudando, que é a liderança e o trabalho em equipe, para compreender essa aparente contradição.

O papel do líder é semear as sementes do amor, estimulando o potencial de cada pessoa de sua equipe a produzir de acordo com as suas possibilidades. Por isso não cabe ao líder, como semeador, exigir a germinação e frutificação da semente. A germinação vai depender do terreno onde cair, isto é, do potencial do liderado.

Cabe ao líder dar o melhor de si na escolha das sementes que lhe pertencem. Nesse aspecto temos as sementes do amor, da mansidão, da humildade, da tolerância, da solidariedade, da empatia, do trabalho constante de semeadura do bem em prol da equipe. O que cada membro da equipe vai fazer com as sementes, pertence a cada um.

A parábola, portanto, chama a atenção mais para o *terreno* do que para o *semeador*. Os diferentes tipos de terreno simbolizam, na equipe de trabalho, os diferentes perfis psicológicos de seus componentes.

Temos aqueles que ficam à beira do caminho, isto é, permanecem na periferia do trabalho e não se comprometem; outros se comportam como os pedregais com pouca terra, onde a semente cresce rapidamente e logo morre crestada pelo Sol, simbolizando os que se empolgam com o trabalho em seu início devido à novidade, e logo se desmotivam. Temos os que estão como os espinheiros, que, por mais que as sementes amorosas caiam sobre eles, a sufocam, sob o peso dos sentimentos egóicos, tais como o orgulho, o egoísmo, a vaidade, a presunção.

Enfim temos os que já estão como a terra fértil. Mesmo assim a produção, como diz Jesus, é variada: uns produzem trinta, outros sessenta e outros cem, simbolizando os trabalhadores fiéis, que têm potencialidades semelhantes, pois já são a "boa terra", mas possibilidades diferentes, porque possuem diferentes limitações e por isso é natural que produzam de forma diferente.

Ao líder cabe o papel de semeador do amor ao trabalho do bem no coração de todos, aliás, foi isso mesmo que Jesus exemplificou com maestria, ao longo do seu apostolado de amor, junto aos seus discípulos. Basta ler os Evangelhos com atenção e observaremos todos esses perfis psicológicos, simbolicamente representados na Parábola do Semeador, tanto nos seguidores de Jesus, quanto na maioria dos que foram tocados pelo seu amor, mas permaneceram à margem do caminho e não O seguiram.

E Ele respeitou a todos em suas individualidades, com os potenciais e possibilidades já, ou a serem desenvolvidas, não exigindo deles aquilo que não podiam dar naquele momento. Para nós, que somos aprendizes do Mestre Jesus, essa não é uma tarefa fácil, pois, devido às nossas limitações, queremos respostas imediatas de nossa equipe, e nos exasperamos quando não as conseguimos de todos os componentes. Muitos líderes bem intencionados, mas mal direcionados, querem que todos os liderados se transformem na terra boa abruptamente e, de preferência, produzindo 100.

Mas não é possível, e com isso acabam forçando os tarefeiros que, dependendo do perfil de cada um, vão desistir imediatamente, outros vão se revoltar de uma forma implícita ou explícita, outros, ainda, acabarão exigindo de si mesmos a produção que o líder deseja, e devido à ansiedade, insegurança e outros sentimentos egóicos, terminarão por produzirem menos do que poderiam, movidos pela cobrança externa e interna.

Muitos líderes, nesse momento, por se identificarem com dificuldades que não lhe pertencem, caem no autoritarismo ou na permissividade, demitindo-se da função de aprendizes de Jesus e de semeadores do bem.

Fundamental, portanto, para os líderes que realmente desejam ter Jesus como modelo e guia, realizando o seu papel de líderes proativos, estejam em suas atividades na posição de semeadores do amor nos corações que Jesus lhes deu a honra de semear o bem, sabendo que, dentro de um ponto de vista transcendente, nenhuma semente de amor ficará perdida, pois todos estamos destinados a nos tornar a "boa terra", por determinação Divina, e, mais dia ou menos dia, aquela semente lançada pelo líder proativo e amoroso irá germinar, crescer e produzir frutos. Para ele não importa quando a semente germinou e produziu, somente ao liderado. Para o líder proativo o que importa é quando lançou as sementes de amor. Assim tem feito Jesus ao longo dos milênios, plantando as sementes do amor em nossos corações e aguardando o momento em que nós as faremos germinar, crescer e produzir frutos, para nos tornarmos, por nossa vez, aprendizes de semeadores do bem e colaborarmos em sua vinha.

A liderança proativa amorosa é, portanto, a aptidão na qual estaremos aprendendo, como o semeador, a estimular o potencial das pessoas, valorizando o que elas têm de melhor: as suas qualidades essenciais, com o intuito de conquistarmos um espaço de trabalho conjunto e de compartilhamento de objetivos e metas.

Aos líderes, para serem colaboradores de Jesus, cabe a função de convidar a todos para o trabalho do bem e semear a boa semente. Jesus nos chama a atenção para esse papel do líder, em outra parábola.

Estudemos, então, a Parábola do Festim de Bodas, anotada por Mateus, no Capítulo 22, vv. 1 a 14 que aborda, no contexto que vamos estudar, o papel do líder convidando os trabalhadores:

Então, Jesus, tomando a palavra, tornou a falar-lhes em parábolas, dizendo:

O Reino dos céus é semelhante a um certo rei que celebrou as bodas de seu filho.

E enviou os seus servos a chamar os convidados para as bodas; e estes não quiseram vir.

Depois, enviou outros servos, dizendo: Dizei aos convidados: Eis que tenho o meu jantar preparado, os meus bois cevados já mortos, e tudo já pronto; vinde às bodas.

Porém eles, não fazendo caso, foram, um para o seu campo, e outro para o seu negócio; e, os outros, apoderando-se dos servos, os ultrajaram e mataram. E o rei, tendo notícias disso, encolerizou-se, e, enviando os seus exércitos, destruiu aqueles homicidas, e incendiou a sua cidade.

Então, disse aos servos: As bodas, na verdade, estão preparadas, mas os convidados não eram dignos. Ide, pois, às saídas dos caminhos e convidai para as bodas a todos os que encontrardes.

E os servos, saindo pelos caminhos, ajuntaram todos quantos encontraram, tanto maus como bons; e a festa nupcial ficou cheia de convidados.

E o rei, entrando para ver os convidados, viu ali um homem que não estava trajado com veste nupcial. E disse-lhe: Amigo, como entraste aqui, não tendo túnica nupcial? E ele emudeceu.

Disse, então, o rei aos servos: Amarrai-o de pés e mãos, levai-o e lançai-o nas trevas exteriores; ali, haverá pranto e ranger de dentes.

Porque muitos são chamados, mas poucos, escolhidos.

O trabalho do bem, com Jesus, é um verdadeiro ágape, um banquete espiritual. Todos somos convidados para esse banquete, mas poucos de nós aceitam o convite, porque, na grande maioria, estamos mais interessados em nossas ocupações materiais, vivenciadas no mundo, do que em participar do banquete com Jesus, que diz respeito ao Reino dos Céus.

A única condição para participar do banquete é estarmos vestidos com a túnica nupcial, simbolicamente, o esforço sincero e amoroso em ser um verdadeiro aprendiz do trabalho do bem, tendo Jesus como Mestre amoroso.

Cabe aos líderes o mesmo papel dos servos, convidando a todos, semeando as sementes do bem, mas sem exigir que vistam a túnica nupcial, porque quem irá escolher os que estão vestidos não são os líderes, mas a própria pessoa, pois a túnica nupcial é tecida por ela mesma, representando o fruto da dedicação real ao trabalho do bem, e não pode, jamais, ser mascarada. Jesus, que é o dono do banquete, sabe quem, verdadeiramente, está vestido com a túnica nupcial e procederá a escolha dos trabalhadores fiéis.

É essa a principal função do líder proativo e amoroso: chamar muitos para que Jesus escolha os poucos que estão vestidos com a túnica nupcial, sabendo também que, numa visão transcendente – como vimos na Parábola do Semeador –, todos, um dia, aceitarão o convite e vestirão a túnica nupcial para participarem do ágape espiritual com Jesus.

Analisemos essa questão que Jesus aborda de maneira simbólica, nas atividades regulares do movimento espírita.

Por vezes notamos queixas de muitos trabalhadores em potencial, dizendo que não têm espaço para trabalhar no movimento espírita, porque ninguém lhes dá uma tarefa à altura de suas qualificações.

Se observarmos atentamente esses irmãos, vamos perceber que eles não estão vestidos com a túnica nupcial, isto é, falta-lhes, ainda, a humildade necessária para reconhecerem que são aprendizes do bem, e não mestres. Por isso chegam ao trabalho como donos da verdade, querendo reformar a tudo e a todos e, é claro, não devem encontrar espaço para isso, pois o trabalho que já existe precisa ser respeitado, e qualquer mudança deve acontecer de forma madura e refletida.

São pessoas que não têm paciência de iniciar as tarefas com humildade e, à medida que forem ganhando confiança dos dirigentes, possam sugerir mudanças gradativas, quando for o caso. Querem mudanças absolutas e imediatas, com base em suas idéias, que acreditam ser melhores do que as dos outros.

Por isso, após um período, retiram-se da tarefa, dizendo-se excluídos por aqueles que estão há mais tempo no trabalho e ainda mais, comumente colocam-se na posição de vítimas, porque ninguém os "valorizou", e saem trombeteando isso como a verdade absoluta, sem perceberem as imensas deficiências que os caracterizam.

Na verdade eles mesmos se excluem, pois querem participar do ágape espiritual com Jesus, sem vestir a túnica nupcial da humildade e do esforço sincero em dominar as suas más inclinações, mas projetam as suas deficiências nos outros, por ser mais cômodo e mais suportável para o seu orgulho ferido.

É muito importante que os líderes compreendam isso para que não caiam no "canto das sereias" e se tornem permissivos com esses companheiros, realizando "reformas" com base na empolgação desses irmãos, pois o perfil deles, lembrando a Parábola do Semeador, é a do pedregal com pouca terra, ou do espinheiro. Iniciam a tarefa que eles dizem ser muito importante e logo desistem, deixando o trabalho para outros realizarem.

Pessoas com esse perfil não conseguem, ainda, trabalhar em equipe, pois têm o seu ego muito inflado e, por isso, precisam estar sempre em destaque, mas em uma verdadeira equipe de trabalho proativo isso é impossível, pois os méritos vão ser sempre do trabalho de aprimoramento da coletividade, e estes pertencem a Jesus, e não ao trabalhador.

Portanto, quando elas quiserem se afastar da tarefa, deixemo-las seguir em paz, lembrando que Jesus fazia o mesmo com aqueles que não estavam, ainda, preparados para segui-Lo. Não cabe aos líderes forçarem-nas a vestir a túnica nupcial e permanecer no trabalho, porque isso somente elas podem fazer e, como já dissemos, numa visão transcendente, ao seu tempo, elas farão isso e não compete aos líderes decidir quando isso ocorrerá. Continuemos na tarefa com a consciência pacificada e deixemo-las seguir.

Resumindo: na prática da liderança é muito importante que, tanto líderes, quanto liderados, compreendam como são as diferentes posturas psicológicas das pessoas, de modo a corrigirem aquelas que dificultam o trabalho em equipe. Os líderes devem corrigir as próprias posturas – especialmente as tendências ao autoritarismo e à permissividade –, pelo exercício contínuo, e auxiliar os seus liderados a fazerem o mesmo. A seguir vamos analisar questões importantes, relacionadas à liderança e, especialmente, ao trabalho em equipe. A capacidade de trabalhar em equipe é fruto do amadurecimento do ser humano, responsável pelo bom relacionamento interpessoal.

Em termos de relacionamento podemos ter para com os outros, três tipos de movimentos: dois desequilibrados (o individualismo e a auto-anulação) e um equilibrado (a preservação da individualidade).

A nossa cultura ainda se comporta de forma profundamente individualista, devido a nossa imaturidade. Para que possamos desenvolver um trabalho em equipe é fundamental desenvolver a nossa individualidade, transformando tanto o individualismo, quanto a auto-anulação.

Estudemos a seguir os três movimentos:

O **individualismo** é um movimento egóico, fruto do egoísmo e do egocentrismo, que está centrado na **exaltação de si mesmo** e **na rejeição aos outros**.

Analisando-se profundamente, percebe-se que a pessoa individualista tem uma baixa auto-estima, sentimentos de inferioridade, impotência e insegurança que, na maior parte do tempo, estão disfarçados. O disfarce se dá pelo movimento egóico reativo, caracterizado pelo complexo de superioridade, prepotência e onipotência e pseudo-autoconfiança. Por isso ela acredita-se melhor do que os outros e vive tentando demonstrar isso.

Quando não consegue disfarçar o complexo de inferioridade, sente-se profundamente humilhada, impotente e tende a se cobrar uma reação à esses sentimentos. Com isso ela volta, quase sempre, com mais força ainda, ao movimento da prepotência e onipotência.

O individualista tem alta dose de exclusividade, porque se sente o tempo todo sendo invadido em sua intimidade, devido aos sentimentos de inferioridade, baixa auto-estima e insegurança, mesmo quando disfarçados. Por isso, coloca barreiras intransponíveis na relação com os outros. Esse movimento interno leva-o a se excluir nos relacionamentos, por causa da prevenção que mantém, o tempo todo, contra os outros.

Ele desconfia de tudo e de todos, pois tende a projetar nos outros, sentimentos que são seus. Quase sempre agride os outros para tentar se proteger. Diz, não com agressividade, mas impondo barreiras.

Está, quase sempre, contra tudo e todos. Usa sempre as seguintes palavras que estão na ponta da língua: *"Sou contra"*.

O individualista jamais se sente bem em coletividade, por isso dificilmente trabalha em equipe.

A **auto-anulação** também é um movimento egóico, fruto de uma reação ao egoísmo e ao egocentrismo, que gera o pseudo-altruísmo, que está centrado na **rejeição de si mesmo** e na tentativa de **anulação da sua individualidade** para **agradar** aos outros.

Analisando-se psicologicamente, percebe-se que a pessoa que se auto-anula, também tem baixa auto-estima, sentimentos de inferioridade, impotência e insegurança, que tenta, o tempo todo, disfarçar, agradando aos outros para, com isso, ser querida por eles e minimizar a rejeição subconsciente que detém por si mesma. Ela acredita-se pior do que os outros e vive tentando disfarçar isso, anulando completamente as suas vontades, para exaltar as dos outros.

Por não ser um processo autêntico, a pessoa que se auto-anula, na verdade não será amada, mas usada pelos outros. Diz *sim* para todos, em qualquer circunstância, mesmo que ela própria seja prejudicada com essa atitude. Se, em algum momento, diz *não* à necessidade de alguém, sente-se muito culpada e logo volta atrás. Em virtude disso não coloca limites em seus relacionamentos e, então, deixa o outro invadir a sua intimidade.

Também tem uma alta dose de exclusividade, apesar de buscar se incluir, porque deixa que os outros invadam a sua intimidade, devido aos sentimentos de inferioridade, baixa auto-estima e insegurança. Por isso não se sente incluída na relação, mas usada. Quando percebe isso, sente-se violentada, mas não faz nada para mudar a situação. Assim que passa a frustração de se sentir usada, volta às mesmas posturas de sempre.

Esse movimento interno leva-a a tentar, desesperadamente, se incluir nos relacionamentos agradando aos outros, dizendo *sim* a tudo e a todos, por causa da rejeição subconsciente que mantém o tempo todo contra si mesma, por isso não coloca limites na relação.

Pode, após muitas frustrações, ir para o extremo do individualismo e passar a agredir os outros para se "proteger", impondo barreiras nos relacionamentos.

Também não se sente bem em coletividade, pois é usada pelos outros e terá dificuldades no trabalho em equipe, porque tende a ficar sobrecarregada com excesso de atividades, para poupar outros membros e assim ser querida por eles.

A **individualidade** é um movimento essencial, fruto do auto-amor, gerando no indivíduo a atitude de altruísmo, auto-afirmação e autopreservação, que está centrado na **aceitação de si mesmo** e **na aceitação dos outros** sem reservas, que, até prova em contrário, são confiáveis.

A pessoa que mantém a sua individualidade possui uma boa auto-estima, auto-respeito e autoconfiança. Devido a essas boas características individuais ela sabe como colocar limites na relação com os outros. Sabe, muito bem, a hora que deve dizer *sim* e a hora que deve dizer *não*. Faz isso com facilidade, de maneira autoconsciente, sem sentimentos de culpa ou agressividade, em conformidade com o que diz Jesus, em Mateus, 5:37: *"Seja, porém, o vosso falar: Sim, sim; e o não, não; porque o que passa disto é de procedência maligna"*.

Em decorrência disso tem uma alta capacidade de inclusividade, isto é, ela se inclui no relacionamento com outras pessoas, convive desarmada com os demais, porque não tem nada a temer nas relações com os outros, pois sabe, devido à sua boa auto-estima, se preservar, não permitindo que ninguém invada a sua individualidade. Devido a essas características proativas, não fica de prevenção contra os outros. Vive buscando ser fiel ao que diz Jesus, em Mateus, 10:16 *"Sede prudentes como as serpentes e inofensivos como as pombas"*.

Neste versículo Jesus aborda as duas virtudes necessárias ao nosso relacionamento com os outros: prudência e inofensividade. Ele nos mostra como agir diante do outro. A prudência vai nos levar a observar a forma como essa pessoa age. Se percebermos que ela é confiável, podemos nos abrir para um relacionamento amistoso e produtivo, se percebermos que ela não é confiável, simplesmente mantemos distância dela de maneira inofensiva. Não precisamos agredi-la por não ser confiável, é preciso apenas preservar a nossa individualidade, com prudência.

Com essa postura de prudência, ela se torna uma pessoa independente psicologicamente e, portanto, estará aberta à interdependência social.

Há uma perfeita harmonia entre individualidade e coletividade, por isso ela trabalha bem em equipe, pois se respeita,

respeita a individualidade dos outros e se faz respeitar. Jesus, nos contatos diretos que fazia com as pessoas, incentivava sempre a individualidade e independência psicológica. Quando auxiliava alguém a se curar, física ou emocionalmente, Ele sempre dizia à pessoa: *"A tua fé te salvou"*, *"A tua fé te curou"*, e nunca: *"Eu te salvei"*, ou, *"Eu te curei"*, estimulando, assim, a sua auto-estima e autoconfiança, levando-a a acreditar nos seus próprios potenciais, independentemente dos dEle. Essa atitude convidava a pessoa a crescer.

Em várias ocasiões vemos esse mesmo convite no Evangelho: *"Vós sois a luz do mundo"*, *"Vós sois deuses"*, *"Vós sois o sal da terra"*, *"Sede perfeitos"*, nos estimulando ao amadurecimento psicológico.

Façamos uma analogia, para concluir a análise desses três perfis psicológicos. Imaginemos a nossa intimidade como uma casa, com uma porta de entrada.

A pessoa individualista é aquela que coloca trancas, cadeados por dentro e por fora para impedir a entrada de quem quer que seja. Faz isso com a intenção positiva de se proteger, mas que é mal direcionada, pois, na verdade, gera barreiras que a isolam do relacionamento com todas as pessoas, tanto as más intencionadas, quanto às de boa intenção.

A pessoa que se auto-anula é aquela que mantém a sua porta de entrada sempre escancarada. Com tal atitude, vai entrar em sua intimidade toda espécie de pessoas. Vêm aqueles de boa intenção, com o objetivo de ajudá-la, mas, na maior parte do tempo, são as mal-intencionadas que penetram em sua intimidade, para usá-la, e depois abandoná-la, como vimos, ferindo a sua individualidade. Após muitas invasões, ela pode trancar toda a porta, mudando para a postura individualista.

A pessoa que cultiva a individualidade é aquela que mantém a porta fechada, mas sem trancas e cadeados. Quando alguém bate à porta de sua intimidade, observa a pessoa pelo "olho mágico". Se perceber boas intenções abre a porta, acolhe a pessoa, se relacionando amistosa e inofensivamente com ela. Se perceber más intenções, mantém a porta fechada e se o outro insistir em entrar, ela pode, até, colocar uma tranca do lado de dentro, e mesmo chamar a polícia. É a postura de prudência que Jesus nos recomenda, geradora da autopreservação e do auto-respeito, fundamental no relacionamento interpessoal.

Portanto, a individualidade geradora da independência psicológica é fundamental para o bom relacionamento interpessoal, mas ela é fruto de um processo de maturação do ser humano, que inicialmente passa pelo individualismo, e em alguns casos, pela auto-anulação, com a sua dependência psicológica, até evoluir para a individualidade, tornando-se independente.

Para melhor entendimento vamos fazer uma análise psico-sociológica do desenvolvimento das relações humanas.

Todo ser humano nasce completamente dependente de outro ser humano, dos pais ou, na falta deles, de outras pessoas que devem cuidar da criança, pois do contrário ela perece. Nesta fase – a infância –, a relação de dependência com outros seres é natural e necessária ao nosso desenvolvimento saudável. Depois, através das fases da segunda infância, pré-adolescência e adolescência começamos, com o auxílio dos pais, a construir a nossa independência e, como adultos, continuamos a buscar esse crescimento.

Porém, essa independência psicológica, quando saudável, é interdependente socialmente, pois vivemos em comunidade e por isso nos relacionamos em sinergia, em um movimento constante de dar e receber, ao qual denominamos *relação de interdependência*. Essa relação não envolve apenas os seres humanos, mas todos os seres vivos que compõem o nosso planeta e, numa visão maior, holística e transpessoal, todas as formas existenciais de diferentes dimensões do universo.

Podemos representar, graficamente, o crescimento normal das relações humanas da seguinte forma:

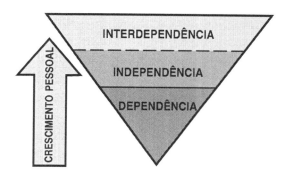

Fig. 8 – O crescimento das relações humanas – podemos observar nesta pirâmide invertida que a relação começa em uma relação de dependência na infância, segue por uma independência que se inicia na adolescência e se prolonga pela vida adulta, sendo esta interdependente para ser saudável. A pirâmide invertida representa a ampliação do relacionamento, da dependência para a interdependência.

Muitas vezes observamos que pessoas adultas costumam agir dentro de uma relação de dependência psicológica de outras pessoas. Essa dependência pode variar, desde uma dependência total, denotando uma auto-estima e autoconfiança muito baixas, na qual as pessoas dependem da opinião dos outros para tudo – não sabem fazer nada sozinhas, sem alguém para orientá-las naquilo que devem, ou sobre o quê não devem fazer. São aquelas que anulam a própria individualidade, numa dependência extrema dos outros.

Essas pessoas colocam-se como **vítimas** das circunstâncias, sendo incapazes de assumir a responsabilidade pela própria vida. Estão sempre agradando e bajulando os outros para se sentirem amadas e apoiadas por eles. Também acham que as demais devem estar sempre à sua disposição para as "apoiarem" no que precisam realizar. Na realidade elas não desejam ajuda propriamente, mas que os outros ajam por elas, ou dêem o amor que somente elas mesmas podem dar, como se fossem muletas a lhe sustentarem. É uma forma doentia de relacionamento. As pessoas que agem assim têm dificuldades de trabalhar em equipe, pois podem ter dois movimentos: algumas vezes se sobrecarregam, assumindo tarefas que não têm como desenvolver, simplesmente para agradar outros membros da equipe; outras vezes não conseguem realizar o próprio trabalho e acabam atrapalhando o trabalho dos outros, porque estão sempre necessitando que alguém valide a sua atividade.

Outra forma de dependência psicológica, comum nas relações humanas, é aquela em que o indivíduo, extremamente egocêntrico, necessita do aplauso e da bajulação dos outros para poder realizar as suas tarefas. São aquelas pessoas orgulhosas e presunçosas que necessitam, psicologicamente, serem "aplaudidas" nas atitudes que tomam, precisam, como se diz comumente, que "massageiem" o seu ego para que produzam algo útil.

Em ambos os casos denotam-se atitudes de extremo egocentrismo. Essas atitudes são normais na primeira infância, por ser uma fase de verdadeira dependência, porém no adulto, ela é patológica. Quem tem este tipo de comportamento está doente das emoções, precisando trabalhar o egocentrismo, assumindo uma postura mais madura e responsável.

O adulto normal sempre terá um relacionamento independente, psicologicamente, do outro. No entanto, essa independência acontecerá dentro de uma relação de interdependência social sinérgica, na qual a pessoa se desenvolve dentro de um contexto social cada vez mais altruístico, numa atitude de dar e receber constantemente. O ser humano saudável será, portanto, independente psicologicamente e interdependente socialmente.

Ele é independente psicologicamente em suas ações, mas sabe que as demais pessoas do seu grupo social dependem das atividades dele, e ele, por sua vez, depende das atividades de outras pessoas, e, por isso, realiza as suas ações da melhor maneira possível, cumprindo com a sua missão dentro da sociedade em que vive.

Ao contrário, quando a pessoa tende ao egocentrismo, dificilmente estará convivendo harmoniosamente numa equipe de trabalho, pois a sua relação com o outro não é de interdependência altruística, mas de autoritarismo, ou submissão egoísta.

O egocêntrico, como dissemos anteriormente, depende que o outro lhe seja submisso, ou se torna, ele próprio, submisso, dependente dos outros, pois, ainda se encontra na postura infantil de ser o centro das atenções. O que importa é ele e o seu ponto de vista, ou a sua aparente incapacidade, e não os ideais da equipe.

Fundamental, portanto, para desenvolver a capacidade de se trabalhar em equipe, é se libertar do egocentrismo através do desenvolvimento da competência essencial, tornando-se um adulto competente, que sabe o que quer, que tem ideal e trabalha com afinco e responsabilidade por esse ideal.

Esse tipo de atitude da pessoa competente emocionalmente é o único capaz de gerar as verdadeiras equipes de trabalho, movidas por um mesmo ideal, nas quais todos movidos por esse ideal, aprendem a trabalhar a sua tendência ao egocentrismo em prol de uma causa.

É essa atitude que se espera do aprendiz de Jesus: realizar o trabalho do bem em prol de uma Grande Causa – a

Cristã –, de transformação de nosso planeta num mundo de regenerações. É para que tenhamos essa atitude, que Jesus nos estimula sempre, e espera isso de nós, em nossas atividades no movimento espírita.

QUESTÕES PARA REFLEXÃO:

1 – Qual a importância da empatia para o exercício da liderança e do trabalho em equipe?
2 – Como é o estilo de liderança autocrática e que dificuldades ele traz?
3 – Como é o estilo de liderança permissiva e que dificuldades ele traz?
4 – Como é o estilo de liderança proativa e que benefícios ele traz?
5 – Qual é a principal função do líder espírita?
6 – Quais as dificuldades que o individualismo e a auto-anulação trazem ao trabalho em equipe?
7 – Como a preservação da individualidade e da independência psicológica pode contribuir para o trabalho em equipe?

EXERCÍCIOS VIVENCIAIS:
OS ESTILOS DE LIDERANÇA

1. Coloque uma música suave e relaxante, feche os olhos e busque relaxar todo o seu corpo, da cabeça aos pés. Para facilitar o relaxamento você pode contrair e relaxar, por três vezes, a musculatura da face e membros superiores.
2. Agora reflita sobre os estilos de liderança. Em qual deles você se insere?

3. Que ações você pode realizar para desenvolver a liderança proativa?

4. Agora reflita sobre a Parábola do Semeador. Em qual perfil de terreno você se insere: beira do caminho; pedregal; espinheiro ou terra fértil? Que ações você pode implementar para melhorar o seu perfil?

5. Agora reflita sobre a Parábola do Festim de Núpcias. Em qual perfil de convidado você se encontra? Que ações você pode implementar para aceitar o convite, vestindo a túnica nupcial?

6. Anote as suas reflexões.

O TRABALHO EM EQUIPE

1. Coloque uma música suave e relaxante, feche os olhos e busque relaxar todo o seu corpo, da cabeça aos pés. Para facilitar o relaxamento você pode contrair e relaxar, por três vezes, a musculatura da face e membros superiores.

2. Agora reflita sobre a sua atuação nos trabalhos em equipe. Que estilo de relacionamento é mais comum em sua atuação: o individualismo, a auto-anulação ou a individualidade?

3. Como você coloca limites no relacionamento com os demais companheiros de equipe? Com naturalidade, com agressividade ou tem dificuldades em colocá-lo?

4. Que ações você pode implementar para melhorar a sua atuação nos trabalhos em equipe, desenvolvendo a sua independência psicológica e individualidade?

5. Anote as suas reflexões.

4.4. DIÁLOGO – INSTRUMENTO FUNDAMENTAL PARA A EXCELÊNCIA NA COMUNICAÇÃO INTERPESSOAL

*N*ESTE CAPÍTULO ESTAREMOS ABORDANDO uma questão de importância essencial para a realização do trabalho do bem com Jesus, que é a questão do diálogo. Jesus utilizou esse instrumento durante todo o Seu apostolado de amor. As narrativas evangélicas, em sua maioria, discorrem sobre os diálogos que o Mestre tinha com os seus discípulos e o povo em geral.

Kardec também utilizou o diálogo amplamente. O próprio *O Livro dos Espíritos* é um diálogo com os benfeitores da Humanidade.

O diálogo é, portanto, fundamental para o exercício da Liderança Proativa e do trabalho em equipe, realizados com amor e autoridade, como nos ensinou Jesus.

Apesar de muitos enaltecerem a necessidade do diálogo para o aprimoramento do relacionamento interpessoal, e dele ser um recurso ímpar e utilizado pelos grandes pensadores há milênios, estamos pouco acostumados a ele. Tanto é que, o verbo dialogar é quase desconhecido, e, para muitas pessoas, soa até estranho. Dificilmente as pessoas usam as seguintes expressões: "Vamos dialogar sobre esses assuntos na reunião", "Vamos dialogar a respeito de nosso relacionamento". Estamos acostumados ao verbo discutir, ao invés do dialogar para designar a comunicação entre as pessoas.

Em nossa cultura é usual observarmos as seguintes proposições: "Vamos discutir os assuntos em pauta na reunião", "Vamos discutir este texto no estudo", "Vamos discutir o nosso relacionamento", etc. Percebe-se, pelas proposições, que as pessoas estão pensando em conversar, em dialogar sobre algum assunto. Mas o que acontece, comumente, é acabarem brigando, devido a pontos de vistas diferentes.

Isso acontece porque a palavra discutir é impregnada de conteúdos negativos e, mesmo quando usada no chamado sentido "positivo", traz embutido o seu sentido negativo.

Para muitas pessoas isso não passa de simples semântica, mas se observarmos, tanto de um ponto de vista lingüístico, quanto psicológico, na verdade é muito mais do que isso.

Analisemos a questão. Vejamos, primeiro, a diferença entre dialogar e discutir, segundo o Dicionário Houaiss:

Dialogar: *trocar opiniões, comentários, etc., com alternância dos papéis de falante e ouvinte; conversar; buscar entender-se com outras pessoas ou outros grupos.*

Discutir: *analisar questionando; defender pontos de vista contrários sobre algo; debater; por em dúvida algo; contestar; conversar de maneira exaltada e apaixonada; altercar; desentender-se, brigar.*

Fica muito evidente, mesmo sem entrar em questões psicológicas, apenas observando o significado das palavras, o negativismo que predomina na palavra discutir. E por que, então, a utilizamos tanto e não o verbo dialogar?

Para entender o motivo, necessitamos nos adentrar nos aspectos psicológicos da comunicação.

Uma das dificuldades mais freqüentes no processo de comunicação interpessoal é a utilização de palavras de duplo sentido, positivo e negativo. Essas palavras normalmente são utilizadas pelas pessoas, que muitas vezes nem se apercebem do conteúdo negativo implícito que elas sugerem sub-repticiamente, despertando nelas, de forma subconsciente, sentimentos egóicos originários do desamor ou pseudo-amor. Esse hábito é tão sutil, que a maioria das pessoas nem se dá conta das dificuldades que ele pode causar. Algumas acham, inclusive, que não há nenhum problema na utilização dessas palavras.

Sabemos hoje, a partir do desenvolvimento da moderna ciência da Programação Neurolingüística, que as palavras têm o poder de desencadear todo um movimento neuropsíquico, gerador de comportamentos os mais diversos, e que a boa utilização das palavras pode ser um grande auxílio no desenvolvimento intrapessoal e da comunicação entre as pessoas.

Com base nos conhecimentos dessa ciência, e fazendo um aprofundamento com a psicologia transpessoal, podemos dizer que as palavras têm uma força maior do que acreditamos que tenham. As palavras têm o poder de despertar, em nós, matrizes que estão ao nível do ego ou do Ser Essencial, dependendo do teor delas.

Metaforicamente falando, as palavras são *luvas que vestem* os pensamentos. Quando pronunciada, a palavra nos remete a um pensamento. Como a mente funciona por associação e comparação, ao dizer uma palavra com sentido duplo, mesmo que queiramos dizer algo positivo, haverá, num nível profundo subconsciente, uma associação também com o lado negativo da palavra.

Exemplificando, analisemos a seguinte frase: *"José está*

239

discutindo com Alberto naquela sala". Observando esta frase, à primeira vista, o que você entende que José está fazendo com Alberto: brigando, não é verdade? Mas, o mesmo verbo **discutir** é utilizado no chamado "bom sentido". Vejamos: *"José está **discutindo** com Alberto os assuntos em pauta na reunião do Centro Espírita"*. A maioria das pessoas não encontra nada de errado nesta frase, tanto é que o termo é sobejamente utilizado em várias áreas.

Analisemos, agora, estes termos à luz das ciências da psicologia transpessoal e da programação neurolingüística. Quando o verbo *discutir* é utilizado no "bom sentido", temos uma análise parcial do fato. De uma forma consciente as pessoas sabem diferenciar a discussão de assuntos em pauta em uma reunião, de uma briga.

A questão é que essa palavra desencadeia *neuropsiquicamente* todo um conteúdo egóico negativo, atrelado ao dito conteúdo "positivo" dela. Esse conteúdo negativo fica como um convite implícito a algo mais do que o simples diálogo sobre os assuntos em pauta.

Aí acontece de, muitas vezes, os líderes das reuniões ficarem estupefatos quando os participantes começam a brigar, uns com os outros, para defender pontos de vistas diferentes. Ora, quando disse para *discutirem* os assuntos, ele mesmo os convidou, implicitamente, para que *brigassem* por suas idéias e, muitas vezes, eles próprios entram no processo. E ainda ficamos espantados porque as pessoas brigam tanto por pontos de vista diferentes, nas reuniões...

Depois de todas estas explicações, uma pergunta fica no ar: como fazer para utilizar as palavras corretas, que gerem sentimentos próprios do Ser Essencial, originados na energia de amor? Utilizando palavras sinônimas, que não tenham esse duplo sentido "positivo" e "negativo". No exemplo acima poderíamos utilizar o verbo *dialogar* ou *analisar*. Por exemplo: *"José* *está **dialogando** com Alberto os assuntos em pauta na reunião do Centro Espírita". "Vamos **analisar** os assuntos em pauta na reunião".* Percebeu a diferença? Os verbos *dialogar* e *analisar* só têm sentido positivo.

Analisando a questão de um ponto de vista energético, sentimos que a modificação da palavra *discutir* por *dialogar* ou *analisar* nessas frases, as tornam mais leves, convidando as pessoas a unirem os esforços para acharem um ponto em comum, favorecendo o consenso.

Importante dizer que não se trata de simplesmente modificar as palavras, mas o movimento psicológico. Não adianta nada trocar o verbo *discutir* por *dialogar* e continuarmos armados, uns contra os outros. Por isso é importante aquilo que sentimos interiormente, atitude que iremos estudar agora, fazendo uma comparação entre o significado psicológico dos verbos *discutir* e *dialogar*.

A etimologia da palavra *diálogo* provém do grego *diálogos* – *diá* (através de) e *logos* (conhecimento, significado). Podemos dizer, então, com base na etimologia, que *diálogo* é "a busca de compartilhar conhecimentos significativos, através da conversa entre duas ou mais pessoas".

Relembrando aquilo que vimos no capítulo anterior, referente às formas de relacionamento interpessoal, podemos ter três movimentos: o individualismo, a auto-anulação e a individualidade. Esses movimentos serão determinantes no estilo de comunicação que estaremos mantendo com as pessoas.

O individualismo produz, principalmente, nas pessoas predominantemente reativas, a forma de comunicação denominada de *discussão* e nas pessoas de predomínio passivas, a *anulação do processo de comunicação*, como tentativa de fugir à discussão.

A individualidade produz a comunicação denominada

de *diálogo*, favorecendo o consenso.

Vejamos o perfil de cada um dos estilos de comunicação:

Comunicação reativa – **discussão:** é um tipo de comunicação egóica, centrada no individualismo, na qual fica patente o egoísmo e o egocentrismo. Foca-se, principalmente, a divergência de opiniões.

O comunicador reativo, individualista, tem a intenção de convencer os demais que a sua forma de entender a questão é a correta, ou a melhor. Tende a querer convencer, levando o outro a desistir, num movimento de prepotência.

Age, com julgamento de certo ou errado, e pensa estar sempre certo e o outro errado. Por isso busca fazer comentários que ferem o outro e acha isso legítimo, pois precisa persuadi-lo, a respeito de sua idéia, a qualquer custo. O outro é tratado como um adversário a ser vencido.

Não abre espaço mental para ouvir a opinião dos outros e fica, o tempo todo, na autodefesa. Quando alguém ousa contestar o seu ponto de vista, reage, ficando irritado, colérico, produzindo desavenças na relação com os outros.

Diante de um comunicador de mesmo perfil, surgem muitas contendas e dificilmente se chega a um bom resultado.

Comunicação passiva – **fuga à discussão:** também é uma comunicação egóica, caracterizada por sentimentos de insegurança e impotência, na qual se tenta mascarar esses sentimentos altamente negativos.

O foco principal é fugir à divergência de opiniões.

É promovida no relacionamento com o comunicador individualista, que tende a despertar nas pessoas com perfil psicológico predominantemente passivo, um movimento de autoanulação, no qual tentam evitar o conflito se calando e oferecendo todo espaço para o outro se manifestar.

Acontece que essa tentativa é infrutífera, pois para se

cessar com o conflito externo, cria-se um interno, porque todo processo de anulação é falso em si mesmo. A pessoa se cala por fora, mas na intimidade fica ruminando todo o conflito. Ela tende a fingir que tudo está bem, quando verdadeiramente não está, pois, ao se auto-anular, a insatisfação fica oculta em sua intimidade, sem ser manifestada, mas, também, sem ser transformada. Gera um processo de comunicação inautêntico, no qual se evita assuntos que causam controvérsia, para não dar margem à crítica por parte do outro.

Cria uma pseudo-harmonia na relação com o comunicador reativo, pois, ao se auto-anular, o conflito é simplesmente adiado, mas, cedo ou tarde, a insatisfação toma conta e o conflito interno irá se manifestar, com uma intensidade ainda maior do que se acontecesse no dia-a-dia, fazendo com que a pessoa tenha explosões de cólera reprimida.

Porém, nem sempre a insatisfação irá se manifestar por explosões externas, pois dependendo do nível de repressão que a pessoa se permite, muitas vezes se manifesta com implosões internas, nas quais o indivíduo entra em doenças emocionais como a depressão, a ansiedade, ou psicossomáticas, como o câncer, as alergias, as doenças auto-imunes dentre outras.

Comunicação proativa – diálogo: tipo de comunicação essencial, cujo objetivo é a busca do consenso, compartilhar opiniões diferentes, compreendendo cada um as razões do outro, para se chegar a uma meta única, cuja idéia é ainda melhor, pois todos emitem a sua opinião sobre aquilo que pensam, mas estão dispostos a abrirem mão de algum pensamento que não esteja condizente com o objetivo geral proposto, para produzirem um bem maior ainda.

O foco principal é a convergência de opiniões diferentes, para se chegar a um resultado único.

Gera um diálogo amigável, no qual busca-se o que há

de útil e certo nas idéias de cada um, respeitando-se as diferenças que são vistas de maneira positiva, pois parte-se do pressuposto que, somente se desenvolvem as idéias a partir das diferenças, desde que cada um busque o melhor para todos e não queira fazer prevalecer o seu ponto de vista, em detrimento do outro.

Nesse clima não há espaço para julgamentos de *certo* e *errado*, pois foca-se sempre o aprendizado que as idéias diferentes podem gerar.

Quando acontecem divergências, busca-se colocá-las com tato, para não ferir o outro.

Ela é fruto da noção de individualidade que é sempre necessária para um relacionamento interpessoal saudável, no qual cada indivíduo busca a harmonia com o todo, a coletividade.

A utilização da comunicação proativa – o diálogo – é uma ferramenta fundamental que todos devem se esforçar para desenvolver. Com certeza não é fácil, porque os sentimentos egóicos ainda falam muito alto dentro de nós, mas com exercícios de amor, mansidão, humildade e tolerância, poderemos desenvolver, gradativamente, esse recurso e utilizá-lo em nossas atividades no movimento espírita.

A seguir estudaremos como a aplicação dos diferentes estilos de comunicação podem influir no resultado das reuniões administrativas que fazemos em nossas atividades do movimento espírita.

Inicialmente vamos nos ater aos estilos de comunicação egóica, reativa e passiva, por estarem mais próximos de nossa realidade, para podermos aprender a melhor maneira de nos libertarmos deles.

Muitas reuniões tomam o caminho da discussão devido aos sentimentos egóicos que as permeiam, desde os sentimentos advindos dos fatos a serem resolvidos, da forma como as pessoas são convocadas para a reunião, até os sentimentos que caracterizam cada pessoa a participar da reunião. Analisemos o seguinte esquema que traça um perfil das reuniões de predomínio egóico, reativo e passivo, no qual prevalece a discussão e a tentativa de fugir dela:

Fig. 9 – A Comunicação Egóica

A dinâmica apresentada no centro do esquema, a discussão e a tomada de decisão, são componentes permeados pelos sentimentos egóicos, originados do desamor e do pseudo-amor, que promovem uma tendência de se resolver os assuntos em pauta a qualquer custo, gerando os sentimentos egóicos reativos do egocentrismo, egoísmo, orgulho, raiva, irritação, mágoa, ressentimento, prepotência, autoritarismo, ansiedade, e os egóicos passivos da insegurança, impotência, timidez, pseudo-humildade, auto-anulação.

A discussão implica em um posicionamento individualista e egocêntrico, focado na divergência de opiniões, no qual o que prevalece é a defesa do ponto de vista pessoal, gerando conflitos e a tendência a fugir deles. O que predomina é a adversidade, em detrimento da diversidade. Tratam-se os outros como adversários a serem vencidos.

Os indivíduos com característica reativa emitem a sua opinião sobre o assunto para levantar a polêmica existente, produzindo o conflito. Outros, com característica passiva ficam sem emitir a sua opinião, ou a emitem de forma muito tímida, e logo a retiram para evitar o conflito com os demais.

As posições defendidas, de forma mais veemente, tendem a prevalecer nas tomadas de decisão que são realizadas a qualquer custo, mesmo que haja descontentes com ela. O intuito é fazer prevalecer a opinião de alguns que acreditam estarem "certos", em detrimento dos demais. Não há uma busca da melhor forma de agir, diante desta ou daquela dificuldade, no qual foca-se o aprendizado conjunto através dela, respeitando-se a opinião de todos que deve ser verbalizada, de modo a se produzir um esforço coletivo para encontrar uma solução.

Os resultados são frutos de uma competição entre *"fortes"* e *"fracos"*, portanto há *"vencedores"* e *"perdedores"*, gerando decisões parciais e, em sua maioria, negativas.

Os *"vencedores"* sentem-se os donos da situação, pois tudo gira em função deles e com isso têm o seu ego satisfeito. Já os *"perdedores"* estarão fazendo de tudo para boicotar a decisão, consciente ou subconscientemente, mesmo que não tenham emitido nenhuma opinião para evitá-la. Ficam, de forma sub-reptícia, torcendo para que o processo dê errado e, dessa forma, terem o seu ego satisfeito. Quando isso acontece dizem assim: *"eu sabia que ia dar errado"*, se alegrando com o insucesso que, na realidade, é de todos, inclusive dele próprio.

Percebe-se, portanto, que nesse modelo de comunicação – a discussão –, realizado nas reuniões individualistas só existem, verdadeiramente, perdedores. Devido ao egocentrismo dos participantes das reuniões, o todo perece por causa das partes. Vejamos agora o processo do uso do diálogo e do consenso, com base nos sentimentos essenciais.

Para que tenhamos reuniões em climas mais saudáveis, e que produzam resultados positivos no esforço conjunto realizado por líderes e equipe de trabalho, é preciso que implantemos técnicas práticas para que essas necessidades de melhoria se desenvolvam nesses ambientes.

Para que essas reuniões alcancem resultados positivos amplos, no qual todos os envolvidos se beneficiem dos resultados, devemos contar com duas dinâmicas: o **diálogo**, que permitirá a conversação amiga e o aprendizado conjunto; e o **consenso**, que promoverá a tomada de decisão conjunta.

Analisemos o seguinte esquema que traça um perfil das reuniões em que predomina a **comunicação essencial**, nas quais prevalecem o diálogo e o consenso:

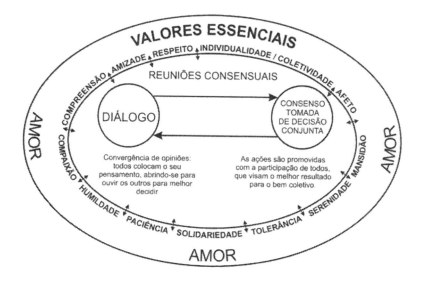

Fig. 10 – A Comunicação Essencial

No centro apresentamos as duas dinâmicas propostas que mantêm profunda interação entre si, pois uma é decorrência da outra. São permeadas pelos sentimentos essenciais, originados a partir do amor, que promovem o objetivo maior de se resolver os assuntos em pauta, visando o bem coletivo. Esse objetivo estará sendo gerado pelos sentimentos essenciais da individualidade, em harmonia com a coletividade, amizade, respeito, serenidade, afeto, solidariedade, tolerância, paciência, mansidão, humildade, compaixão, compreensão, aceitação, dentre outros.

O diálogo visa, em primeiro lugar, buscar levantar as diversidades de pensamentos, a fim de que se possa gerar a convergência de opiniões diferentes. Com isso ocorre a abertura e expansão da compreensão da situação como um todo e na perspectiva de todos, promovendo, assim, o compartilhamento de pensamentos e, por fim, o aprendizado conjunto com melhoria das decisões a serem tomadas.

Diante de uma situação a ser resolvida é fundamental que cada um coloque na reunião, o que pensa sobre a questão, sem omitir nenhum ponto. O líder deve colocar o tema sob forma de perguntas a serem respondidas por todos, para facilitar o processo, conforme o modelo abaixo.

Perguntas facilitadoras das reuniões consensuais a serem respondidas por todos, diante de um problema ou questão a ser resolvida, em que a equipe ainda não tem um pensamento definido:

1 – *O que penso sobre o problema ou questão a ser analisada?*
2 – *Quais as causas do problema ou questão?*
3 – *Quais as soluções que acredito serem possíveis?*
4 – *Qual solução eu sugiro como a mais pertinente?*
5 – *O que estou disposto(a) a realizar para colocá-la em prática?*

Estas questões deverão ser usadas sempre que se tenha um problema a ser resolvido na reunião.

A seguir colocamos mais quatro questões que deverão nortear a reunião como um todo e, por isso, são mais genéricas, estimulando as pessoas a manterem um clima de diálogo, facilitando a convergência de opiniões:

1 – O que percebemos em nossa reunião? Está havendo um clima de cordialidade entre os componentes no diálogo em torno dos assuntos?
2 – Como pensarmos as melhores soluções para o bem do movimento espírita?
3 – Como podemos agir para concretizar essas soluções?
4 – Como estaremos nos comunicando na reunião e nas atividades do dia-a-dia, para que as soluções sejam alcançadas?

Para que o diálogo ocorra é importante que cada componente da reunião esteja disposto a colocar o seu pensamento, sem defesa de seu ponto de vista, abrindo-se para ouvir opiniões divergentes e opostas às suas, e no decorrer da conversação amiga, se for preciso, abrir mão de parte ou de toda a sua idéia, se for resultar no bem do movimento espírita. Por isso é tão importante que todos façamos exercícios de humildade e de mansidão que Jesus preconiza.

O consenso só irá acontecer quando há sucesso no diálogo, ou seja, quando este promove o aprendizado conjunto, o consenso, para uma tomada de decisão, é uma conseqüência natural, pois o grupo, através da conversação amiga, já compreendeu qual o melhor caminho a ser seguido.

A partir disso é possível a decisão consensual, unificando-se os pensamentos e aprendizados para promover as ações, para a melhoria das atividades, em benefício da coletividade. A reunião consensual é, portanto, uma possibilidade maravilhosa para o desenvolvimento e prática da comunicação essencial, a partir de sentimentos essenciais. Nesse modelo de comunicação – o diálogo – realizado nas reuniões consensuais, todos saem vencedores, bem diferente da anterior, em que só existem perdedores. Devido ao amor e à amizade, cultivados entre os participantes nas reuniões, o todo se engrandece, se tornando maior que a soma das partes.

Comparando-se esta proposta – em que prevalece o Essencial –, com a anterior, vemos resultados amplos e sempre positivos, devido ao aprendizado, mesmo considerando que não é possível, às vezes, num primeiro momento, alcançarmos a unificação, mas é sempre possível o respeito pela diversidade de pensamentos e entendimentos das pessoas envolvidas.

Para que consigamos desenvolver, em nossa intimidade, os recursos necessários para a comunicação essencial, geradora do diálogo, é necessário que estejamos vigilantes com relação a alguns pontos que veremos a seguir, e que são fundamentais para que obtenhamos o resultado que almejamos.

O tom do diálogo é sempre amigável. Mesmo em se tratando de assuntos sérios e polêmicos, o tom da conversação é amiga. Não há confronto entre as pessoas, pois busca-se unidos, a melhor solução para o problema.

Outro sinal de que o diálogo está sendo alcançado é que os assuntos analisados vão avançando, à medida que aumenta o aprendizado sobre as questões propostas, que é compartilhado por todos. As pessoas sentem-se bem durante a conversação e o processo flui em harmonia.

As discussões entre adversários são repetitivas, pois

cada um tende a defender o seu ponto de vista armado contra o outro, que precisa ser vencido, e uma das "armas" usadas é a repetição exaustiva do mesmo ponto, para vencer o outro pelo cansaço. Muitas vezes fica-se muito tempo no mesmo assunto e o processo não flui.

No diálogo, os participantes da reunião falam e ouvem, expondo o que pensam, cada um por sua vez, sem querer impor seu ponto de vista. Quando começa a haver imposição, alguma coisa está errada e está se resvalando para a discussão.

No diálogo, o processo acontece em clima de harmoniosa colaboração, portanto, sentimentos de irritação, raiva, ansiedade, angústia, dentre outros negativos, indicam que os participantes abandonaram o caminho do diálogo, sinalizando que precisam retornar ao ambiente de harmonia.

Nesse caso devem buscar descobrir o que causou o problema, para corrigi-lo. Se refletirem bem, perceberão que, quando isso acontece, é porque saíram do movimento de buscar um aprendizado conjunto e estão defendendo pontos de vistas divergentes, sem buscar uma convergência entre eles.

Para muitos uma proposta assim parece utópica, porém, como dissemos anteriormente, sabemos que desenvolver toda essa harmonia proporcionada pelo diálogo é difícil, pois estamos mais acostumados à discussão e a tentar fugir dela, mas, longe de ser utópica, é uma proposta totalmente possível de ser realizada, bastando que cada um utilize a vigilância que Jesus preconiza e vá, aos poucos, transmutando os seus sentimentos egóicos tornando-se mais amoroso, manso e humilde de coração, como Ele nos ensinou, exercitando, cada vez mais, a tolerância e a solidariedade preconizadas por Allan Kardec, de modo a termos o trabalho no movimento espírita cada vez mais profícuo, revivendo os princípios cristãos em espírito e verdade.

QUESTÕES PARA REFLEXÃO:

1 – O que são palavras de duplo sentido e que dificuldades elas trazem no dia-a-dia das pessoas?

2 – Qual a diferença básica entre diálogo e discussão?

3 – Como é o estilo de comunicação reativa e que dificuldades ele traz?

4 – Como é o estilo de comunicação passiva e que dificuldades ele traz?

5 – Como é o estilo de comunicação proativa e que benefícios ele traz?

6 – Como são as reuniões em que predomina a comunicação egóica?

7 – Como são as reuniões em que predomina a comunicação essencial?

8 – Como podemos monitorar as reuniões para que elas se tornem mais produtivas?

EXERCÍCIOS VIVENCIAIS:
OS ESTILOS DE COMUNICAÇÃO

1. Coloque uma música suave e relaxante, feche os olhos e busque relaxar todo o seu corpo, da cabeça aos pés. Para facilitar o relaxamento você pode contrair e relaxar, por três vezes, a musculatura da face e membros superiores.

2. Agora reflita sobre os estilos de comunicação. Em qual deles você se insere, predominantemente: reativa, passiva ou proativa?

3. Que sentimentos egóicos predominam em você que geram a tendência à discussão ou a fugir dela?

4. Que ações você pode realizar para desenvolver a comunicação proativa?

5. Anote as suas reflexões.

O PROCESSO DE COMUNICAÇÃO NAS REUNIÕES ADMINISTRATIVAS

1. Coloque uma música suave e relaxante, feche os olhos e busque relaxar todo o seu corpo, da cabeça aos pés. Para facilitar o relaxamento você pode contrair e relaxar, por três vezes, a musculatura da face e membros superiores.

2. Agora reflita sobre a sua atuação nas reuniões administrativas que participa. Que estilo de participação é mais comum em sua atuação: a tendência a impor o seu ponto de vista; a de se omitir, sem dar sua opinião; ou a exposição de suas idéias, respeitando as dos demais?

3. Que ações você pode implementar para melhorar a sua atuação nas reuniões, desenvolvendo a sua capacidade de dialogar, transmutando a tendência à discussão ou à fuga dela?

4. Anote as suas reflexões.

4.5. A ADMINISTRAÇÃO DE CONFLITOS NAS ATIVIDADES DO MOVIMENTO ESPÍRITA

UITAS PESSOAS ACREDITAM que o relacionamento interpessoal, para ser saudável, precisa ser isento de conflitos. Elas acreditam ser o conflito prejudicial e deve ser evitado, a todo custo. Isso na verdade, no estágio evolutivo em que estamos, é impossível. Uma vida sem conflitos somente é possível para espíritos que já alcançaram uma grande evolução moral, não para nós, que estamos muito distantes de tal evolução. Estudemos o que Jesus nos aponta com relação ao conflito e o significado que ele tem para nós:

Não penseis que vim trazer paz à terra; não vim trazer paz, mas a espada. Mateus, 10:34
Supondes que vim para dar paz à terra? Não, eu vo-lo afirmo; antes, divisão. Lucas, 12:51
Deixo-vos a paz, a minha paz vos dou; não vo-la dou como a dá o mundo. Não se turbe o vosso coração, nem se atemorize. João, 14:27

Se observarmos, superficialmente, os dois primeiros versículos, dá impressão que Jesus está fomentando a discórdia e que eles são incongruentes, comparados com o terceiro. Mas, em realidade, eles estão dizendo a mesma coisa. Vejamos. Quando Jesus diz que não dá a paz como dá o mundo, é preciso que analisemos o verdadeiro significado dessa paz. A paz do mundo surge após o término de uma guerra ou de um conflito qualquer. Como é essa paz? Normalmente é uma paz de faz-de-conta, na qual os povos ou países reprimem os seus ressentimentos mútuos para que possa haver "paz". Cria-se, então, uma paz falsa, mascarada. Isso acontece até que as tensões vão aumentando novamente e outra guerra ou conflito surge, ainda mais violento do que antes. Não é isso que observamos na história da humanidade, nestes quase 2000 anos após ter o Cristo dito essas palavras?

A paz do Cristo é muito diferente, pois é fruto de um processo de autoconsciência geradora de uma paz verdadeira, de dentro para fora, na qual nosso coração não se turba. Ela passa inicialmente pelo conflito, por isso o uso das metáforas "espada" e "divisão" e pela resolução verdadeira do conflito.

Os conflitos nos ajudam a crescer, tanto num nível individual, como coletivo, pois como os conflitos geram mal-estar, somos convidados a exercitar a humildade, a mansidão e o amor para superá-los e não para mascará-los. Primeiro acontece a "divisão", a "espada", gerada pelo próprio conflito, para que busquemos a paz verdadeira que é fruto do amor, mansidão e humildade.

No Capítulo 3.2 estudamos a origem dos conflitos internos, em nível pessoal, e como transformá-los em oportunidades de crescimento interior.

Agora estudaremos como surgem os conflitos interpessoais, e qual a melhor maneira de superá-los.

Todo conflito ocorre devido a identificação com os sentimentos egóicos, oriundos do desamor, ou do pseudo-amor. Estes sentimentos são geradores de todos os demais sentimentos que ocasionam os conflitos, como veremos a seguir. Para melhor entendimento, vamos recordar o que vimos no Capítulo 4.3, a respeito da maneira com a qual nos relacionamos uns com os outros. Temos o individualismo, a auto-anulação e a individualidade.

A pessoa individualista, na relação com outras pessoas, tem um movimento de fazer com que prevaleçam as próprias necessidades e vontades. Este é um movimento egóico evidente, no qual sobressai uma tendência do indivíduo de se identificar com os sentimentos do egoísmo, do egocentrismo e do orgulho.

Quando isso acontece a pessoa tende a fazer valer o seu ponto de vista, em detrimento do ponto de vista do outro. O orgulho faz com que ela ache a sua maneira de pensar e de agir, melhor do que dos outros e, por isso, tende a fazer de tudo para que o seu pensamento impere, mesmo que para isso tenha que agredir, impor-se sobre a vontade do outro.

A pessoa atua de forma egoística e egocêntrica. O que importa é apenas as necessidades e vontades dela, as necessidades e sentimentos dos outros não importam. É uma atitude de desamor pelos outros e pseudo-amor por ela mesma.

Isto faz surgir um conflito **imediato**, pois as demais pessoas tendem, naturalmente, a reagir egoicamente contra essa imposição. Elas podem reagir de forma passiva, conformando-se com a situação externamente, mas trazendo uma grande revolta interior, produzindo uma sabotagem às imposições. Outras pessoas, de caráter mais reativo, tendem a se insurgir contra a situação imediatamente, gerando conflitos diretos com a pessoa impositiva.

No outro extremo temos as pessoas que se auto-anulam, isto é, anulam as suas necessidades e vontades para satisfazer as necessidades e vontades dos outros, exclusivamente com o objetivo de não criar conflitos com estes. Há uma ten-

COMO SURGEM OS CONFLITOS

Fig. 11 – Como Surgem os Conflitos

dência para se "passar por cima" das causas dos conflitos.

A pessoa que age assim tende a anular os seus sentimentos para evitar o conflito imediato, achando, com isso, que está impedindo o seu surgimento.

Com essa atitude apenas mascara o conflito, pois ele estará crescendo dentro dela, até que não consiga mais mascarar, e o conflito aparece de forma violenta. É um movimento egóico mascarado, de fingimento, no qual acontece um movimento de pseudo-amor pelo outro e desamor por si mesma.

Percebamos que esta é uma forma falsa de se resolver conflitos. O que acontece, neste caso, é que o conflito é **adia-**

FORMA FALSA DE SE ADMINISTRAR CONFLITOS
(MOVIMENTO EGÓICO MASCARADO)

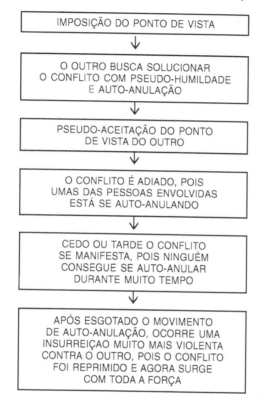

Fig. 12 – Forma Falsa de se Administrar Conflitos

do, pois uma das pessoas que poderia gerar o conflito, está se auto-anulando. Mas como nenhum processo de auto-anulação dura para sempre, cedo ou tarde as máscaras tenderão a cair e a pessoa entrará em conflito evidente com a outra, agravado pela somatória de vários conflitos menores, que não foram trabalhados. Ou produzirá em seu corpo, devido à auto-anulação, doenças como o câncer, as imunológicas, mal de Alzhimer,

FORMA ESSENCIAL PROATIVA DE SE ADMINISTRAR CONFLITOS

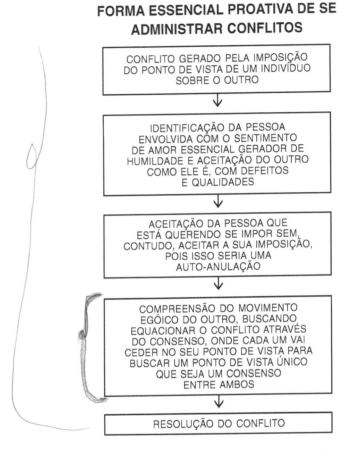

CONFLITO GERADO PELA IMPOSIÇÃO
DO PONTO DE VISTA DE UM INDIVÍDUO
SOBRE O OUTRO

↓

IDENTIFICAÇÃO DA PESSOA
ENVOLVIDA COM O SENTIMENTO
DE AMOR ESSENCIAL GERADOR DE
HUMILDADE E ACEITAÇÃO DO OUTRO
COMO ELE É, COM DEFEITOS
E QUALIDADES

↓

ACEITAÇÃO DA PESSOA QUE
ESTÁ QUERENDO SE IMPOR SEM,
CONTUDO, ACEITAR A SUA IMPOSIÇÃO,
POIS ISSO SERIA UMA
AUTO-ANULAÇÃO

↓

COMPREENSÃO DO MOVIMENTO
EGÓICO DO OUTRO, BUSCANDO
EQUACIONAR O CONFLITO ATRAVÉS
DO CONSENSO, ONDE CADA UM VAI
CEDER NO SEU PONTO DE VISTA PARA
BUSCAR UM PONTO DE VISTA ÚNICO
QUE SEJA UM CONSENSO
ENTRE AMBOS

↓

RESOLUÇÃO DO CONFLITO

Fig. 13 – Forma Essencial Proativa de se Administrar Conflitos

dentre outras. Acabam somatizando a anulação emocional.

A única forma de resolver os conflitos é agir proativamente, de modo a se solucionar as causas reais do conflito. Isso só acontecerá através da desidentificação dos sentimentos egóicos, evidentes e mascarados. Só podemos desidentificar os sentimentos egóicos após tê-los aceitados, sabendo que os temos, mas que somos mais do que eles e, por isso, podemos nos libertar deles e ajudar as demais pessoas que se relacionam conosco, a se libertarem também.

No caso do orgulho, egoísmo e egocentrismo, que estão relacionados com o conflito imediato, é necessário que entendamos e convidemos os outros a entenderem que ninguém é melhor do que ninguém. Todos possuímos diferentes aptidões e que podemos somar essas aptidões. Com isso resolveremos os conflitos, somando as diferenças e não entrando em choque, uns com os outros, por causa delas. É fundamental, para conseguir este objetivo, utilizar a técnica do diálogo, estudada anteriormente.

No caso do conflito adiado, é importante perceber que ninguém resolve conflitos, simplesmente passando por cima de sentimentos. Isto é impossível. Podemos reprimir e abafar os nossos sentimentos, mas, cedo ou tarde, eles tenderão a se manifestar de forma intensa. Isso é muito pior do que reconhecermos a nossa insatisfação imediatamente e buscar equacioná-la na relação com o outro.

Então, para que possamos desenvolver a nossa capacidade de resolução de conflitos, são necessários o autoconhecimento e o autodomínio para refletir sobre os sentimentos que precisamos transmutar, aprendendo a resolver os próprios conflitos internos.

A partir do desenvolvimento destas habilidades intrapessoais, poderemos ser mediadores para se evitar, ou para a resolução de conflitos interpessoais, sejam de nós para com os outros, ou de outras pessoas que estão sob a nossa liderança.

Tanto os conflitos internos – de nós para nós mesmos –, quanto os externos – de nós para com os outros –, ou de pessoas que estão sob a nossa liderança, só podem ser liberados a partir da energia de amor oriunda no ser essencial.

Porém, como trazemos em nós um ego, com sentimentos de desamor e pseudo-amor, num primeiro momento so-

mos tomados por uma revolta contra o outro que está querendo se impor, e isso é perfeitamente natural, como nos diz Jesus, quando fala da espada e da divisão. Existe em nós uma
tendência à belicosidade, mas estamos aqui para desenvolver
a paz no mundo, que, para ser verdadeira, deve começar em
nosso interior.

Para que os conflitos possam ser dirimidos verdadeiramente e não apenas de faz-de-conta, necessitamos de uma
boa dose de empatia, onde nos colocamos no lugar das pessoas que estão gerando o conflito e agimos com elas, como
gostaríamos que agissem conosco, isto é, compreendendo as
suas limitações e buscando convidá-las a assumirem uma postura proativa pela conexão com os sentimentos essenciais.

Para compreender a pessoa é preciso aceitá-la como ela é,
com seus defeitos e qualidades, isto é, aceitá-la em sua essência.
O que ela faz de negativo é inaceitável, mas compreensível. É
claro que isso somente é possível quando temos o hábito de fazer
isso com nós mesmos, em nossos conflitos interiores.

Uma lembrança de fundamental importância, na questão dos conflitos, é a de que as mudanças, para serem reais,
são efetuadas gradualmente, na qual buscamos perceber essas limitações, aceitando que as temos, nos desidentificando
delas, para podermos transmutá-las, através do amor, como
vimos amplamente no Capítulo 3.2.

Esse processo acontecerá de uma forma natural, sem
uma tirania interior, no sentido de se forçar uma mudança, seja
em nós mesmos, seja nos outros, pois isso apenas poderia
desencadear uma mudança falsa, movida pelo pseudo-amor,
jamais uma mudança verdadeira, serena e tranqüila, que se
dá de forma gradativa e suave, através do desenvolvimento
dos sentimentos essenciais.

Portanto, o movimento essencial será o de se buscar um
consenso, no qual prevalecerão as nossas necessidades e von-

tades. Cada um cede no seu ponto de vista, sem se anular e sem impô-lo ao outro, para buscar um terceiro, que seja bom para ambos, e todos cresçam no relacionamento, transmutando os conflitos.

Esta é uma atitude de amor por si mesmo e pelo outro, pois todos precisamos de respeito ao que pensamos e sentimos. Nem anulação dos pontos de vista, nem imposição deles. É fundamental o respeito a si mesmo e ao outro. Este tipo de relacionamento, baseado no Ser Essencial, transmutará os conflitos que possam estar existindo na relação, e com isso, todos ganharão.

Podemos resumir os três movimentos com o seguinte esquema:

Fig. 14 – Individualismo, auto-anulação e individualidade

QUESTÕES PARA REFLEXÃO:

1 – Qual o significado do conflito e da paz como os entendia Jesus? Pag. 256
2 – Como surgem os conflitos interpessoais? Pg. 258
3 – Como é a forma falsa de se administrar conflitos? Pag 259
4 – Como se deve administrar conflitos de uma forma verdadeira? Pag. 260

EXERCÍCIO VIVENCIAL:
A ADMINISTRAÇÃO DE CONFLITOS

1. *Coloque uma música suave e relaxante, feche os olhos e busque relaxar todo o seu corpo, da cabeça aos pés. Para facilitar o relaxamento você pode contrair e relaxar, por três vezes, a musculatura da face e membros superiores.*
2. *Agora reflita sobre como você lida com os conflitos interpessoais. Como você busca equacioná-los?*
3. *Que sentimentos egóicos predominam em você que tendem a gerar os conflitos interpessoais, ou a tendência a fugir deles?*
4. *Que ações você pode realizar para desenvolver a resolução de conflitos?*
5. *Anote as suas reflexões.*

4.6. A AQUISIÇÃO DOS RECURSOS MATERIAIS PARA A REALIZAÇÃO DAS ATIVIDADES NO MOVIMENTO ESPÍRITA

AQUISIÇÃO DOS RECURSOS MATERIAIS para o movimento espírita, ainda é motivo de muita controvérsia. Temos diferentes pontos de vistas e muitos deles diametralmente opostos.

Existe uma corrente que diz que toda atividade espírita deve ser gratuita, baseando-se, os que assim pensam, nas palavras de Jesus, colocadas por Allan Kardec em *O Evangelho Segundo o Espiritismo*, em seu Capítulo XXVI: *"Dai de graça o que gratuitamente recebestes"*, conforme anotações de Mateus, 10:8 *"Restituí a saúde aos doentes, ressuscitai os mortos, curai os leprosos, expulsai os demônios. Dai gratuitamente o que gratuitamente haveis recebido".*

Allan Kardec, no capítulo citado, tece comentários sobre a proposição de Jesus e aborda a questão da mediunidade, que os apóstolos detinham e que haviam recebido como um dom de Deus, para auxiliar os necessitados, e que jamais deveria ser utilizada como meio de vida.

Orienta, no mesmo capítulo, aos médiuns modernos a jamais praticarem a simonia, auferindo recursos da prática mediúnica, sob que forma for.

Comenta, também, a respeito das preces pagas, tão comum à sua época, como prática das religiões ditas cristãs – como ainda hoje –, como um despropósito, indigno daquele que se professa cristão.

Nos itens 5 e 6 que reproduzimos abaixo, aprofunda, ainda mais, a questão da simonia. Estudemos os itens:

Eles vieram em seguida a Jerusalém, e Jesus, entrando no templo, começou por expulsar dali os que vendiam e compravam; derribou as mesas dos cambistas e os bancos dos que vendiam pombos: – e não permitiu que alguém transportasse qualquer utensílio pelo templo. – Ao mesmo tempo os instruía, dizendo: Não está escrito: Minha casa será chamada casa de oração por todas as nações? Entretanto, fizestes dela um covil de ladrões! – Os príncipes dos sacerdotes, ouvindo isso, procuravam meio de o perderem, pois o temiam, visto que todo o povo era tomado de admiração pela sua doutrina. (Marcos, Capítulo XI, vv. 15 a 18; – Mateus, Capítulo XXI, vv. 12 e 13.)

Jesus expulsou do templo os mercadores. Condenou, assim, o tráfico das coisas santas sob qualquer forma. Deus não vende a sua bênção, nem o seu perdão, nem a entrada no reino dos céus. Não tem, pois, o homem, o direito de lhes estipular preço.[18]

Reflitamos um pouco mais sobre esta passagem do Evangelho, comentada por Kardec. À época de Jesus eram feitos sacrifícios a Deus nos templos, utilizando-se animais e outras oferendas, com as quais os fariseus auferiam muitos recursos pecuniários, através da comercialização delas.

---

[18] *O Evangelho Segundo o Espiritismo*, Allan Kardec, Capítulo XXVI, itens 5 e 6

Os fariseus, à época, como os líderes de quase todas as igrejas cristãs da atualidade, faziam o povo acreditar que somente receberiam as bênçãos divinas se fizessem oferendas, numa prática clara de simonia.

Hoje em dia já não fazemos sacrifícios utilizando animais, mas as oferendas financeiras continuam em voga, chegando ao desplante de, em algumas igrejas, seus líderes dizerem que, quanto mais dinheiro a pessoa der, maiores serão os benefícios oferecidos por Deus.

Jesus deixa claro que a comunhão com Deus é realizada pela oração, demonstrando que é uma prática exclusivamente espiritual, sem vínculo algum com questões puramente materiais.

E no movimento espírita como tratamos esse assunto?

Muitos irmãos, com base nas questões acima, numa interpretação extremista do que aborda Jesus e Kardec nos textos referidos, dizem que toda atividade espírita deve ser gratuita, inclusive os eventos especiais como encontros, seminários e congressos, porque acreditam que, se não fizermos isso, estaremos vendendo aquilo que de graça recebemos. Esses companheiros, inclusive, negam-se a participar de qualquer evento desse tipo em que existe alguma taxa de inscrição.

Alguns chegam a condenar a venda de livros espíritas nos eventos e nas reuniões públicas dos Centros Espíritas, com base na passagem dos mercadores do templo, analisada acima.

Outros, numa visão estreita, condenam, até, a cobrança de mensalidades dos freqüentadores mais assíduos, que são convidados a serem sócios da Casa Espírita e colaborarem em sua manutenção. Dizem que essa prática seria igual à das igrejas cristãs aludidas acima que cobram pelos sacramentos, ou instituem o dízimo aos seus fiéis.

No extremo oposto temos aqueles que dizem que o importante é a finalidade a que se destinam os recursos, que a maneira como vai se conseguir esses valores é secundária e, por isso, propõem, para se auferir o numerário para o movimento espírita, práticas comuns a outras denominações religiosas, tais como jantares e almoços beneficentes, regados a bebidas alcoólicas, bailes, rifas, bingos e outros tipos de sorteios, etc. Alguns chegam a justificar a utilização de bebidas alcoólicas nos almoços, jantares e bailes beneficentes, utilizando uma fala de Jesus anotada por Mateus, 15:11: *"O que contamina o homem não é o que entra na boca, mas o que sai da boca, isso é que contamina o homem"*.

O interessante nessas posições extremistas é que, muitas vezes, os mesmos que condenam a cobrança dos eventos especiais – a venda dos livros nos eventos, a cobrança de mensalidades – é que fazem os jantares regados a bebidas, as rifas e, etc. para manterem as atividades das casas espíritas administradas por eles mesmos, pois elas necessitam de recursos financeiros como todas as demais.

Justificam as suas práticas dizendo que essas atividades – tais como o jogo, o consumo de bebidas alcoólicas –, são para o público comum não-espírita, que já as praticam em suas atividades cotidianas, e que, se no evento não houver alcoólicos, esse público não comparecerá. Com isso criam uma situação esdrúxula, na qual o movimento espírita estará sendo sustentado por não-espíritas, que são estimulados pelos próprios espíritas a consumirem alcoólicos, a jogarem a sorte, etc., como se existissem duas éticas: uma para os espíritas e outra para os não-espíritas.

Agora vamos analisar essas duas posições com base na mensagem pura e cristalina de Jesus e de Allan Kardec.

Comecemos o nosso estudo com o texto de Mateus, Capítulo 6, vv. 19 a 34:

Não ajunteis tesouros na terra, onde a traça e a ferrugem tudo consomem, e onde os ladrões minam e roubam.

Mas ajuntai tesouros no céu, onde nem a traça nem a ferrugem consomem, e onde os ladrões não minam, nem roubam.

Porque onde estiver o vosso tesouro, aí estará também o vosso coração.

Ninguém pode servir a dois senhores, porque ou há de odiar um e amar o outro ou se dedicará a um e desprezará o outro. Não podeis servir a Deus e a Mamom.

Por isso, vos digo: não andeis cuidadosos quanto à vossa vida, pelo que haveis de comer ou pelo que haveis de beber; nem quanto ao vosso corpo, pelo que haveis de vestir. Não é a vida mais do que o mantimento, e o corpo, mais do que a vestimenta?

Olhai para as aves do céu, que não semeiam, nem segam, nem ajuntam em celeiros; e vosso Pai celestial as alimenta. Não tendes vós muito mais valor do que elas?

E qual de vós poderá, com todos os seus cuidados, acrescentar um côvado à sua estatura?

E, quanto ao vestuário, porque andais solícitos? Olhai para os lírios do campo, como eles crescem; não trabalham, nem fiam.

E eu vos digo que nem mesmo Salomão, em toda a sua glória, se vestiu como qualquer deles.

Pois, se Deus assim veste a erva do campo, que hoje existe e amanhã é lançada no forno, não vos vestirá muito mais a vós, homens de pequena fé?

Não andeis, pois, inquietos, dizendo: Que comeremos ou que beberemos ou com que nos vestiremos?

(Porque todas essas coisas os gentios procuram.)

Decerto, vosso Pai celestial bem sabe que necessitais de todas essas coisas;

Mas buscai primeiro o Reino de Deus, e a sua justiça, e todas essas coisas vos serão acrescentadas.

Não vos inquieteis, pois, pelo dia de amanhã, porque o dia de amanhã cuidará de si mesmo. Basta a cada dia o seu fardo.

Mateus, Capítulo 10, vv. 29 e 30:
Não se vendem dois passarinhos por um ceitil? E nenhum deles cairá em terra sem a vontade de vosso Pai. E até mesmo os cabelos da vossa cabeça estão todos contados.
Não temais, pois; mais valeis vós do que muitos passarinhos.

Estas passagens do Evangelho de Jesus nos chamam a atenção para o fato de Deus prover a todas as suas criaturas. É uma das Suas falas mais poéticas, na qual aborda a questão dos pássaros nos céus que Deus não deixa morrerem de fome, dos lírios do campo, e que até os cabelos de nossas cabeças estão contados. Apesar dele abordar a questão num nível individual, podemos considerá-la, também, em um nível coletivo. Deus provê a todas as suas criaturas e a todo o esforço coletivo na direção do bem, e, portanto, proverá todas as atividades do movimento espírita.

É claro que, quando Jesus nos chama a atenção para essas verdades, não está nos convidando a vivermos descuidados de nossa vida, a aguardar que Deus nos proveja de todos os recursos que nos são necessários, sem que façamos a nossa parte. A Providência Divina não anula a previdência humana.

O convite que Jesus faz é para *buscarmos asserenar* os nossos corações, pois, quando entramos na ansiedade da busca das questões puramente materiais, perdemos a nossa serenidade e a paz interior. Ficamos inquietos, preocupados com o dia de amanhã, esquecidos de que só podemos viver no tempo presente.

O nosso coração se turba diante das necessidades materiais, tanto as individuais, quanto as coletivas do movimento espírita, onde depositamos todo o nosso tesouro, esquecendo-nos da vida espiritual, tesouro maior de nossas vidas. *(Porque onde estiver o vosso tesouro, aí estará também o vosso coração.)*

Uma pergunta podemos nos fazer no que tange aos recursos financeiros necessários às atividades do movimento espírita: como proceder para que o nosso coração não se turbe e possamos realizar as nossas tarefas de forma coerente com a proposta cristã e manter, assim, a nossa consciência tranqüila?

A resposta está nesta fala de Jesus *"buscai primeiro o Reino de Deus, e a sua justiça, e todas as coisas vos serão acrescentadas".*

Façamos a exegese deste versículo. O Reino de Deus é o símbolo que Jesus utiliza, várias vezes, para indicar os sentimentos superiores originados a partir da virtude do amor, presentes no interior da própria criatura. A justiça é a própria Lei de Deus que tem como base a Lei de Amor, e que está ínsita na consciência de cada um de nós.

Podemos, então, dizer que, a partir do momento em que desenvolvermos a ética do amor em nossos corações e nas atividades que realizarmos, tudo o mais nos será acrescentado.

Na questão financeira e demais recursos, tanto em nível individual, quanto coletivo, a parte que nos cabe fazer é desenvolver uma postura ética diante da vida, tanto para auferir os recursos, quanto para utilizá-los. Fazendo isso, Deus nos proverá de todos os recursos que necessitamos.

O princípio ético de todo cristão, que se constitui na aplicação prática da Lei do Amor e de sua justiça, está exarada em Mateus, 7:12: *"Portanto, tudo o que vós quereis que os homens vos façam, fazei-lho também vós, porque esta é a lei e os profetas".*

Portanto, como vimos acima, não são cabíveis as justificativas colocadas por muitos companheiros do movimento espírita, nas quais a comercialização de bebidas alcoólicas, jogos e outros meios lícitos, mas antiéticos no sentido cristão, vão ser realizadas para os que não são espíritas e já consomem esses produtos. Se sabemos que tais práticas são maléficas em si mesmas, por que oferecê-las aos outros a pretexto de auferir lucros? Essa prática contraria frontalmente o princípio cristão já mencionado.

E os espíritas que usam a fala de Jesus, citada acima – a respeito do que entra pela boca não nos faz mal –, para justificarem a comercialização de alcoólicos em eventos beneficentes, devem auscultar a própria consciência, pois estão distorcendo as palavras de Jesus, porque as retiram do contexto em que foram proferidas, com o intuito de amenizarem a própria ansiedade de consciência, e isso é muito sério. O mesmo argumento podem usar aqueles que fumam, que usam drogas de todos os tipos, lícitas ou ilícitas, sem, contudo, tornar as suas práticas éticas do ponto de vista moral.

Analisemos, agora, a postura daqueles que abominam a cobrança de quaisquer taxas em eventos especiais, ou de mensalidades na casa espírita, baseados no princípio "dar de graça o que de graça recebestes". Por mais que haja uma boa intenção no sentido de se preservar as coisas sagradas, a direção está equivocadas pelos argumentos que colocamos a seguir.

Psicologicamente as pessoas que têm esse pensamento possuem uma posição dicotômica quanto ao dinheiro, separando-o das coisas ditas sagradas. Fazem isso, talvez, por interpretarem de forma literal a seguinte fala de Jesus: *"Ninguém pode servir a dois senhores, porque ou há de odiar um e amar o outro ou se dedicará a um e desprezará o outro. Não podeis servir a Deus e a Mamom".* Então, numa visão simplista, as coisas sagradas são de Deus e o dinheiro pertence a Mamon, e não devem ser misturadas.

Quando Jesus diz que ninguém pode servir a dois senhores está se referindo, exatamente, à separação que fazemos entre as coisas sagradas e as profanas. Quando colocamos o dinheiro separado das coisas de Deus, estabelecemos a dicotomia que nos levará a amá-lo, nos dedicando exclusivamente a ele ou a odiá-lo, o desprezando.

Nessa abordagem simplista tudo o que é espiritual não pode, jamais, estar ligado ao dinheiro, pois este pertence ao reino de Mamom e não de Deus, por isso nenhum evento que aborde questões espirituais pode ser cobrado.

Mas será que é isso mesmo o que Jesus quer dizer? Em verdade, Jesus nos chama a atenção que não devemos servir a *dois senhores*. E é isso que nos leva a essa dicotomia e a realizar as questões antiéticas já analisadas.

Se refletirmos profundamente, chegaremos à conclusão que todo o dinheiro, bem como todos e quaisquer recursos materiais existentes no Universo, pertencem a Deus e as criaturas humanas apenas são usufrutuárias desses recursos.

Reside na obtenção e na utilização dos recursos materiais a observação que Jesus faz a respeito dos dois senhores.

Se cultivarmos especial atenção ao dinheiro, esquecidos de que pertence a Deus e é sagrado em sua essência, passaremos a amá-lo mais do que qualquer outra coisa. Por esse raciocínio não importa como o dinheiro será conseguido, fato que gera as distorções para auferi-lo, que ocorre no movimento espírita, pois, como as pessoas vêem o álcool servido nos jantares, bailes, rifas, etc., como exclusivamente de ordem material, resulta em não haver problema ético, porque o que importa, segundo dizem, é que o dinheiro vai ser utilizado para uma boa causa.

Com essa prática passamos a servir exclusivamente a Mamom, desprezando a Deus, mesmo quando acreditamos estar fazendo o contrário. Não foi o dinheiro que fez isso, mas sim, o nosso livre arbítrio.

Ao contrário, se o virmos como um bem divino que não nos pertence e que somos simples usufrutuários, e o que nos pertence é a forma como o auferimos e utilizamos, estaremos servindo a Deus sempre que o obtivermos dentro da postura ética-cristã e o utilizarmos para o bem de todos.

E é exatamente dessa forma que o dinheiro deve ser encarado no movimento espírita, como algo sagrado que irá produzir uma grande soma de bens, quando obtido de maneira ética-cristã, sem gerar prejuízo econômico ou moral a ninguém e utilizado com parcimônia, para o bem da coletividade. E, claro, jamais para se cobrar àquilo que de graça recebemos realmente.

Agora analisemos o que realmente recebemos de graça no movimento espírita, para evitar as distorções obtidas pela generalização.

Jamais qualquer forma de mediunidade deve ser cobrada, seja direta ou indiretamente, pois muitos médiuns não realizam a simonia direta, fazendo dela uma profissão, mas indireta, pois recebem presentes e outros mimos daqueles que beneficiam. Outros adoram os elogios e a bajulação que recebem. Com essa prática estão tentando servir a dois senhores: a Deus e a si mesmos, ao seu próprio ego, como se isso fosse possível.

As atividades corriqueiras das casas espíritas como o atendimento fraterno, passes, reuniões públicas, evangelização infanto-juvenil, estudo sistematizado, etc., jamais devem ser cobradas, pois os conhecimentos doutrinários, inspiração, auxílio para orientação, etc. recebemos de graça dos benfeitores espirituais e devem ser oferecidas de graça.

Importante estarmos atentos para as cobranças indiretas, tais como oferecer ingressos de almoços beneficentes e outras promoções para os atendidos no apoio fraterno, aos freqüentadores de reuniões públicas, que se sentiriam constrangidos a adquirir o ingresso, como forma de "pagar" os benefícios auferidos. Podemos divulgar esses eventos promocionais nas reuniões públicas de uma forma geral, para que o público tome conhecimento e participe voluntariamente, se assim o desejar.

Fundamental, portanto, é ficar claro que o que se recebe de graça é tudo aquilo que provém do mundo espiritual e deve ser dado de graça, conforme nos recomenda Jesus e referenda Allan Kardec. Mas, e as coisas materiais como energia elétrica, água, conservação, mobiliário, material de limpeza, faxineira, aluguéis quando não se possui sede própria, etc., que toda casa espírita tem como despesas regulares? Tudo isso não recebemos de graça. Quem irá custear essas despesas?

Como acontece uma generalização do princípio do "dar de graça", muitos de nós espíritas até nos sentimos ofendidos quando somos convidados a colaborar com esses custos, seja quando são feitos convites para nos associarmos à Casa, seja quando temos que arcar com taxas de rateio de despesas para pagamento de aluguéis de anfiteatros, centros de convenções, passagens de expositores de outros Estados, dentre outras despesas em seminários, encontros e congressos. E não estamos falando de iniciantes, mas companheiros que têm anos de freqüência no movimento espírita e usufruem o conforto das casas espíritas, como ventiladores e até ar condicionado para manter a temperatura agradável, água gelada, dentre outras benefícios materiais. Baseados no "dar de graça", recusamos a colaborar.

Se analisarmos, dentro de um ponto de vista psicológico, aqueles que se recusam a colaborar – com base no "dar de graça" –, veremos que, em realidade, apenas estão mascarando um apego muito grande ao dinheiro que detêm, justificando essa atitude através da separação do espiritual com o material, e, com isso, fechando os olhos às necessidades materiais do Movimento Espírita, que usufruímos, fazendo de conta que tudo ali não tem custos e está à disposição de todos gratuitamente.

A pretexto de estar realizando atividades espirituais e servindo a Deus, estão, em verdade, servindo a Mamon, pois o custeio do movimento fica para alguns poucos, enquanto os demais se apegam aos recursos que irão usufruir egoisticamente com eles próprios. Embotam as consciências com o discurso do "dar de graça", fazendo de conta que as questões espirituais não têm nada a ver com recursos financeiros. Com essa postura geram grandes dificuldades ao movimento espírita.

É de se perguntar se todos temos a nossa energia elétrica, a água que consumimos, o material de limpeza, etc., de nossas próprias casas de graça?

Aqueles de nós que assim pensam, recusam-se, muitas vezes, a participar de atividades que têm alguma taxa de inscrição, especialmente aquelas promovidas pelo movimento de Unificação, tais como congressos, seminários, encontros, cursos de qualificação, confraternizações, baseados, novamente, no princípio do "dar de graça". Com isso esquecem-se, ou fazem de conta que não sabem, que essa taxa não é para pagar os expositores espíritas, que dão de graça o que de graça receberam – o conhecimento doutrinário e a inspiração dos bons espíritos –, mas para custear despesas vultosas como aluguéis de auditórios, passagens aéreas, material de divulgação, alimentação e uma infinidade de outras despesas que esses eventos necessitam. E quando há alguma sobra, nos casos em que isso acontece, os recursos são utilizados no custeio de despesas do próprio movimento espírita.

Basta comparar os valores cobrados nos congressos e seminários espíritas, com os seus correlatos em outras áreas, para ver a diferença de valores que são, relativamente, módicos no movimento espírita, exatamente porque não temos que pagar honorários aos expositores, cujo montante é a despesa mais vultosa dos congressos, cursos e seminários profissionais. Essa postura deve ser, o mais urgentemente possível, transformada, pois gera grandes prejuízos ao movimento espírita, em especial o de unificação, podendo resultar numa estagnação de parte do movimento que se recusa a participar de eventos importantes para a unificação, pelos motivos aludidos.

Fundamental que todos nós mergulhemos no pensamento Kardequiano e reflitamos sobre a nossa postura quanto às questões financeiras, especialmente no capítulo XXX de *O Livro dos Médiuns* que trata da Constituição da Sociedade Parisiense de Estudos Espíritas e em *Obras Póstumas*, no capítulo que trata do *Projeto 1868*, capítulos nos quais Kardec trata, dentre outras questões, dos recursos financeiros para o movimento espírita, a ser cotizado entre os profitentes e, inclusive, aborda a necessidade de funcionários remunerados para realizar as atividades operacionais do movimento, deixando os Espíritas de ideal mais disponíveis para as atividades doutrinárias.

Os recursos para o movimento devem ser providos por todos nós, espíritas, que devemos exercitar a virtude do desapego ao dinheiro e colocá-lo, sagrado que é, a serviço de Deus e não ficarmos cultivando o apego – servindo a Mamon, o nosso egoísmo –, e nos escondendo atrás do princípio do "dar de graça", que tem a sua aplicação específica e não deve ser generalizada.

Fundamental, ainda, que paremos com essa postura de, sempre que temos dificuldades financeiras, nos socorrermos com os não-espíritas, através de promoções distanciadas da ética-cristã, que servem para custear o movimento espírita. Fazendo isso teremos um movimento espírita realmente coeso, doutrinária e administrativamente, onde não faltarão os recursos espirituais e materiais, pois estaremos, realmente, buscando o Reino de Deus e a Sua Justiça para servi-Lo amorosamente, através da Doutrina Espírita, realizando um movimento pujante e em harmonia com os seus ideais.

QUESTÕES PARA REFLEXÃO:

1 – *Como podemos conceber o preceito "Dai de graça o que de graça haveis recebido" como o entendia Jesus?*
2 – *Como podemos utilizar esse preceito no movimento espírita?*
3 – *Qual deve ser a nossa postura ao auferir os recursos financeiros para o movimento espírita?*
4 – *Como podemos entender as posturas extremistas existentes no movimento espírita acerca da questão financeira?*

EXERCÍCIO VIVENCIAL:
OS RECURSOS FINANCEIROS

1. *Coloque uma música suave e relaxante, feche os olhos e busque relaxar todo o seu corpo, da cabeça aos pés. Para facilitar o relaxamento você pode contrair e relaxar, por três vezes, a musculatura da face e membros superiores.*
2. *Agora reflita sobre como você lida com o dinheiro em sua vida pessoal, com apego, desprezo ou desapego?*
3. *Como essa postura pessoal se reflete no movimento espírita que você participa?*

4. Que ações você pode realizar para ter uma postura ética-cristã com relação ao dinheiro, reconhecendo que ele é um recurso divino e, como tal, deve ser auferido e utilizado?

5. Anote as suas reflexões.

Capítulo 5

O Movimento Espírita e o porvir

O SE ABORDAR O FUTURO, em nossos dias, grande parte das pessoas, especialmente as materialistas, têm uma visão extremamente pessimista. Por não crerem na Providência Divina, dizem que o mundo está muito pior do que antes e vai piorar ainda mais. Outros, os religiosos da fé cega, têm uma visão exatamente oposta, uma postura pseudo-otimista, acreditando que as mudanças vão acontecer como por milagres, nos quais anjos irão descer à Terra e mudar tudo para nós.

Entre essas posições extremistas, a postura cabível a todos nós que fazemos o movimento espírita, é a do otimismo realista. Nessa posição, compatível com a fé raciocinada, buscamos perceber que a realidade moral de nosso mundo, no presente, é bastante grave. Campeia, de uma forma alarmante, a inversão de valores.

Os valores do espírito imortal estão cada vez mais vilipendiados por aqueles que vivem a ilusão do prazer e da ambição desenfreados, fazendo toda a Terra estertorar de sofrimento, mas sabemos, como sempre afirmam os benfeitores espirituais, que Jesus está no leme do planeta, conduzindo tudo para que, desse mal que vivemos hoje, possa surgir um grande bem que irá regenerar toda a humanidade.

Cabe ao movimento espírita grandes responsabilidades nessa tarefa de regeneração da humanidade, pois ele é o veículo de difusão da Doutrina Espírita, verdade inconteste que revive o cristianismo puro e cristalino que nos legou Jesus, conforme resume o texto abaixo, escrito por um espírito e publicado em *Obras Póstumas*.

O Espiritismo é chamado a desempenhar imenso papel na Terra. Ele reformará a legislação ainda tão freqüentemente contrária às leis divinas; retificará os erros da História; restaurará a religião do Cristo; instituirá a verdadeira religião, a religião natural, a que parte do coração e vai diretamente a Deus[19]

Por isso são tão importantes as tríades propostas por Jesus e Kardec, que estudamos no Capítulo 1 deste livro, para que possamos vivenciar, plenamente, aquela proposta pela querida Mentora Joanna de Angelis: qualificar, humanizar e espiritizar, e com isso termos um movimento espírita à altura de sua missão.

Fundamental, portanto, para realizar a parte que nos cabe nessa missão, uma visão otimista realista do futuro, de modo que não turbemos o nosso coração com cogitações que nos distanciam dos objetivos da Doutrina Espírita.

Estudemos, a seguir, alguns trechos do Evangelho de Jesus, nos quais Ele nos conclama à confiança:

Comecemos o nosso estudo com o texto de Mateus, Capítulo 6, vv. 33 e 34:

---

[19] *Obras Póstumas*, Allan Kardec, 2ª Parte, pg. 299

Mas buscai primeiro o Reino de Deus, e a sua justiça, e todas essas coisas vos serão acrescentadas.
Não vos inquieteis, pois, pelo dia de amanhã, porque o dia de amanhã cuidará de si mesmo. Basta a cada dia o seu fardo (mal).

Para que possamos estar serenos em nossas atividades no movimento espírita, sem inquietações descabidas, é necessário, como disse Jesus *buscar primeiro o Reino de Deus, e a sua justiça, e todas as coisas nos serão acrescentadas.* Este convite tem um significado muito profundo, do ponto de vista psicológico. Buscar *primeiro* o Reino de Deus, isto é, buscar desenvolver as questões essenciais da vida. O essencial, aqui, se refere aos dois sentidos da palavra, significando buscar aquilo que é realmente necessário e essencial, relativo à nossa essência.

Quando desenvolvemos o Ser Essencial que somos, as nossas necessidades mudam. Aquilo que antes tinha grande importância, deixa de ter, pois, ao desenvolver o Ser Essencial, tendemos a buscar as coisas mais simples, nas quais nos libertamos dos prazeres egóicos e buscamos prazeres cada vez mais refinados, como ser uma pessoa útil, co-criadora com Deus de um mundo mais feliz para todos, advindo com isso uma serenidade muito grande.

As inquietudes do ego, relacionadas ao futuro, vão sendo transformadas pela confiança total na Justiça Divina, que é feita de amor. Para isso é necessário desenvolver a fé que Jesus tanto preconiza.

Todas as evidências nos convidam a crer, verdadeiramente, na Providência Divina que provê todo o Universo, desde o macrocosmo até o microcosmo. Percebemos a presença de Deus nas galáxias, no nosso planeta girando em torno do Sol, sem sair de sua órbita, na perfeição da natureza à nossa volta, da natureza dentro de nós mesmos, no corpo perfeito, nas células a trabalharem ativamente pela nossa evolução, enfim, em tudo o que existe, somos convidados a sentir o amor e a Providência Divina incomensurável.

Por que, apesar disso tudo, ainda muitos de nós se encontram presos às ansiedades da vida puramente material, preocupados, inquietos com o *"dia de amanhã"*, tanto num nível individual, quanto coletivo, a refletir no movimento espírita?

Por que, apesar de **sabermos** da existência de Deus e da Providência Divina, são poucos os que *escolhem* sentir e **vivenciar** aquilo que sabem?

Busquemos as respostas em Jesus, nas anotações de Marcos, Capítulo 9, vv. 23 e 24:

E Jesus disse-lhe: Se tu podes crer; tudo é possível ao que crê.

E logo o pai do menino, clamando, com lágrimas, disse: Eu creio, Senhor! Ajuda a minha incredulidade.

Esta passagem do Evangelho é de profunda significação psicológica. Representa a dualidade presente no ser humano, ainda envolto com as sombras do ego, querendo vivenciar a luz da Essência.

Sabemos que essa dualidade é transitória e tende para a unidade. Mas, enquanto o Ser Essencial não se firma – fato que somente acontecerá com o tempo e com os nossos esforços no amor e no bem –, permaneceremos entre a crença e a incredulidade.

No estado de ignorância moral que ainda nos encontramos, isso é natural e explica o motivo pelo qual estamos envoltos pelas dificuldades colocadas nas perguntas acima. A fé e a confiança serão desenvolvidas através de exercícios continuados em nós mesmos, especialmente nos momentos de testemunho.

Esse processo que acontece na intimidade de cada criatura, muitas vezes irá se manifestar no movimento espírita, levando muitos de nós a duvidar do porvir e da regeneração da humanidade, através da Doutrina Espírita. Mas é preciso estar atentos ao que nos diz Jesus.

Estudemos as seguintes passagens do Evangelho, nas quais Jesus nos conclama a crer, nos mostrando a maneira de realizar esse exercício.

João, Capítulo 12, vv. 44 a 47:

E Jesus clamou, e disse: Quem crê em mim, crê, não em mim, mas naquele que me enviou.

E quem me vê a mim, vê aquele que me enviou.

Eu sou a luz que vim ao mundo, para que todo aquele que crê em mim não permaneça nas trevas.

E se alguém ouvir as minhas palavras, e não crer, eu não o julgo; porque eu vim não para julgar o mundo, mas para salvar o mundo.

João, Capítulo 14, vv. 1,10,11,12 e 27:

Não se turbe o vosso coração; credes em Deus, crede também em mim.

Não crês tu que eu estou no Pai e que o Pai está em mim? As palavras que eu vos digo, não as digo de mim mesmo, mas o Pai, que está em mim, é quem faz as obras.

Crede-me que estou no Pai, e o Pai, em mim; crede-me, ao menos, por causa das mesmas obras.

Na verdade, na verdade vos digo que aquele que crê em mim também fará as obras que eu faço, e as fará maiores do que estas, porque eu vou para meu Pai.

Não se turbe o vosso coração, nem se atemorize.

A hora é de confiança na Providência Divina e em nossos potenciais, fazendo de Jesus, verdadeiramente, o nosso

Modelo e Guia e Allan Kardec, o intermediário, para compreendermos a proposta Cristã. Fazendo isso o nosso coração não se turba e teremos uma fé inabalável, alicerçada na razão, como nos orienta Kardec.

Para desenvolver em nós essa confiança, essa fé que Jesus tanto nos recomenda até hoje, é fundamental exercitarmos o imenso amor do qual Ele é uma chama viva, o exemplo máximo para a humanidade.

É esse o maior exercício que a Vida nos convida, ter fé e confiança em nós mesmos, em nossa capacidade de amar, de trabalhar pelo movimento espírita, de modo a cumprir, cada um, a sua tarefa, dentro de suas possibilidades, na parte que lhe cabe na grande missão de regeneração da humanidade pelo Cristianismo redivivo pela Doutrina Espírita.

QUESTÕES PARA REFLEXÃO:

1 – O que podemos esperar em relação ao futuro e o papel do movimento espírita nesse mister?

2 – Como nós, que trabalhamos no movimento espírita, podemos colaborar na tarefa que cabe à Doutrina Espírita de regenerar a humanidade?

EXERCÍCIO VIVENCIAL:
A CONFIANÇA NO PORVIR

1. Coloque uma música suave e relaxante, feche os olhos e busque relaxar todo o seu corpo, da cabeça aos pés. Para facilitar o relaxamento você pode contrair e relaxar, por três vezes, a musculatura da face e membros superiores.

2. Agora reflita sobre como você lida com a vida: com pessimismo, pseudo-otimismo ou otimismo-realista?

3. Como essa postura pessoal se reflete no movimento espírita que você participa?

4. Que ações você pode realizar para ter uma postura otimista-realista diante da vida, realizando a parte que lhe cabe no movimento espírita, de modo a servir da melhor maneira para que a Doutrina Espírita cumpra a sua missão?

5. Anote as suas reflexões.

ℬIBLIOGRAFIA

Cerqueira, Alírio F. – *A arte da competência essencial – um método revolucionário para desenvolver a inteligência emocional* – 1ª. ed. – Ed. Totalidade – São Paulo – 2002.

Psicoterapia à luz do Evangelho – 1ª. Ed – Ed. Bezerra de Menezes – Santo André – 2004

Kardec, Allan – *O Livro dos Espíritos* – 83ª. ed. – FEB – Rio de Janeiro – 1944

O Evangelho Segundo o Espiritismo – 112ª. ed – FEB – Rio de Janeiro – 1944

O Céu e o Inferno – 40ª. ed. – FEB – Rio de Janeiro – 1944

Novo Testamento – Tradução João Ferreira de Almeida, corrigida e revisada fiel ao texto Original – Geo-gráfica Editora – Campinas-SP – 2000

Novo Dicionário Aurélio – Versão eletrônica – Editora Nova Fronteira

Dicionário Hoaiss – Versão eletrônica – Editora Objetiva

→ A era dos fenômenos ...

virtu{ suavidade
des { Leveza
Avaliar Contentamento

- Saúde Espiritual - está em tradução
- O Modelo de Liderança Trabalho de Auto Transfor
- O Centro Espírita. Promoçer do Centro Esp. Smart.
- Consciencia Espírita
- O legado de Paulo de Tarso. (Mais Profundo)

→ Seminário → Saúde Espiritual

- 20:30 - 22:00 - Terça f.   Site: Projeto espiritiza
  Estudo Reflexivo

-

Made in the USA
Charleston, SC
16 April 2014